知 否

吴克敬 / 著

陕西师范大学出版总社

图书代号：WX19N1078

图书在版编目(CIP)数据

知否/吴克敬著.—西安：陕西师范大学出版总社有限公司，2019.7
ISBN 978-7-5695-0920-5

Ⅰ.①知… Ⅱ.①吴… Ⅲ.①散文集－中国－当代 Ⅳ.①I267

中国版本图书馆CIP数据核字（2019）第135812号

知 否 ZHIFOU

吴克敬 著

出版统筹	刘东风 郭永新
策划编辑	姚蓓蕾
责任编辑	杜莎莎
责任校对	张 娟 魏 徵
封面设计	张潇伊
出版发行	陕西师范大学出版总社
	（西安市长安南路199号 邮编710062）
网　　址	http://www.snupg.com
印　　刷	陕西龙山海天艺术印务有限公司
开　　本	787mm×1092mm　1/32
印　　张	9
插　　页	4
字　　数	142千
版　　次	2019年7月第1版
印　　次	2019年7月第1次印刷
书　　号	ISBN 978-7-5695-0920-5
定　　价	49.00元

读者购书、书店添货或发现印刷装订问题，请与本公司营销部联系、调换。
电话：（029）85307864　85303629　传真：（029）85303879

目 录

第一辑 知心然否

003　唠叨
007　旧枕头
013　陪着孩子
018　牛角梳子
025　受人
030　活着
036　心气
041　挑在肩上的华山
046　纸缘
051　唾沫花
057　小米雀
062　诗意

068　百岁
073　筷子
077　杂食
082　拉扯
087　亲人
092　熟人
097　数字里的人生
101　退休
105　相像
111　血汗

第二辑　知性然否

119　把家送给家
125　藏福
129　纪念
132　留心
137　耐烦
142　让路
147　私心

152　人工鸟巢

157　相貌

162　成就

167　无用

172　甩手

178　位子

第三辑　知虚然否

185　回头路上花

191　硬气

197　土木之乐

203　有趣

208　湖畔早茶

214　璧润鹄年

217　说给故乡

221　记忆

225　纸上友谊

230　城里的娃与乡下的娃

237　城里的草与乡下的草

242 城里的雨与乡下的雨
247 城里的雪与乡下的雪
253 城里的狗与乡下的狗
258 小堡子
266 血社火

277 知否（代跋）

第一辑　知心然否

唠叨

这日子没法过了!小弟说。

唠唠叨叨,唠唠叨叨,睁开眼睛就是个唠叨,睡着了梦语也唠叨。我怀疑她的口舌上都起茧了,硬邦邦的就只会唠叨,她再这么唠叨下去,我看我就只有死了。就死了听不见唠叨,看她还一天天地唠叨,她能唠叨给谁?小弟不无沮丧,甚至不无愤怒地说。

小弟是说给他的长兄的。

他们家兄弟二人,二老死得早,是长兄拉扯着小弟,把小弟拉扯大,给小弟娶了媳妇成了家。长兄把自己耽搁下来,光杆杆一个人在正房里蜗居着,自己劳动自己用,自己做饭自己吃。他很大方地把家里的上房分给了小弟,他是希望小弟把日子过好,过幸福。可他的小弟,不断地寻到他的跟前来,给他诉苦,嫌自己的媳妇嘴碎爱唠叨。小弟开始给长兄诉苦的时候，长兄沉默着，啥话都不说。长兄心里想，时间是老师，许多事在时间的教导下，慢慢都会解决的。长兄不把小弟的苦恼当回事，在小弟埋怨的时候，他不说话，只给小弟一个浅浅的笑，自己手里干什么活，就还手脚不闲地干什么活。这一天，长兄在自己的土灶上做饭，小弟撵了来，那一通痛不欲生的说道，把长兄说得忍不住，他开口说话了。

长兄说：我也想有人唠叨的。

长兄说：有人唠叨多好啊！她唠叨让你要懒了？她唠叨让你赌钱了？她唠叨让你做贼了？她唠叨……她没有唠叨这些，她唠叨都是让你好的！你看还把你委屈得。

这是我在故乡生活时，我们村里发生的真事。

昨天夜里，将近四十度的高温下，几个朋友约在"秦风楼"酒店吃饭。三杯酒下肚，朋友里一位年纪轻些的小伙儿感慨地说：朋友们在一起多好呀，吃肉喝酒，不像在家里，我就像一只可怜的老鼠，甚至不如老鼠，老鼠听不懂唠叨，老鼠无所谓，咱行吗？咱被唠叨得真想如老鼠一样钻在洞里不出来，或者是把自己的耳朵干脆切了去，清静清静。我太想清静了。

朋友的酒话，不能说不是心里话。因为我同他一样，回到家里，也是要听妻子的唠叨的。不过，我和这位朋友的认识不一样，我以为女人天生爱唠叨，她们不唠叨还能称为女人吗？

天赋女人唠叨，女人不唠叨，难道让我们男人唠叨不成？

我端着酒，走到那位朋友跟前，和他碰着喝了，喝后给他说了我们村里的那个故事，说罢我还问了他：你说我们村里的兄弟俩，小弟烦唠叨，老兄羡慕唠叨，他们谁幸福，谁不幸福？

我的问话，把朋友的嘴堵住了。他心有所想地和我又酌了一杯酒，不再言语，开心爽快地倾进了喉咙。

家里有人唠叨好啊！

我的一位朋友，在家里有人唠叨他的时候，也是很烦的。突然地，在他退休下来，发愁怎么应付家里的唠叨时，唠叨的人竟患上了喉癌。她唠叨不出来了，住院治疗了些日子，也不见好，再过些日子，就不唠不叨地撒手而去，留下嫌她唠叨的丈夫孤守空房……就在今晨，就在去曲江南湖锻炼的路上，我见到了这位朋友。我们同走了一段，朋友给我说：家里太空了！

朋友说得凄凉，就还说：我那位在的时候，我嫌她唠叨，现在没她唠叨，我又经常想着她的唠叨。

朋友说到这里，很有点向往的样子。他接着说：有她给我唠叨，我心烦，但我心里踏实呀。

朋友的话，让我想起另一位朋友，他是我曾经的邻居。他也反感家里那位爱唠叨的人，因为唠叨，他们常要起冲突，阵势大了，就还搬我说事……后来，唠叨的人不唠叨了，我没了机会给邻居说事，在楼道里见着，本来还想赞美他们几句，却听他说：我们离了！

唠叨的时候，好好的；不唠叨了，却离了婚。

我为此惊愕不已，庆幸自己很能包容家里那位的唠叨，甚至开心自己很能享受家里那位的唠叨。

我爱唠叨的那一口子，像所有女人一样，眼一睁就吴克敬、吴克敬地唠叨上了。到我来写这篇文章时，想要引用她的几句唠叨，却怎么也想不起来。我能想到的，是她唠叨着很好地收拾了家务，唠叨着很好地安排了家事……后来，在我需要她把她的唠叨写出来，做我新书的序时，她没客气，恰到好处地把她的唠叨落墨在纸上，变成评价我鼓励我坚持写作的文章。

2016年8月13日　西安曲江

旧枕头

睡惯了旧枕头,换个新枕头就睡不好。在昨晚的餐叙里,对这一问题,所有人都投了赞成票。

我刚参加省文联赴榆林的采风活动,头一天晚上住神木,第二天住榆林开发区,都是四星级、五星级的新宾馆,设施之优良,服务之优秀,都没得话说。但我在神木的宾馆里没睡好,在榆林的宾馆里也没睡好……这是我一直以来的一个问题,出门在外,总是睡不好。把这个问题提出来放在同几位朋友的餐叙中,发现不是我一个人有此困扰,大家一个样,都说出门在外,换个新的地方,亦睡不踏实。朋友们为此找了各种原因,我以为都不错,但根本的问题,也许就是床铺上的枕头了。

我说:枕头太新了。

我说:不是咱的枕头。

我这么一说,获得了餐叙者的普遍认同,大家你一句说着宾馆枕头的不适,他一句说着家里枕头的舒适。而我又有话说了。

我说:还是旧枕头好。

我说:旧枕头知道咱自己的酣睡。

对我的说法,大家再一次表达了认同。这次餐叙是我们结束陕北的采风活动回到西安后举办的。餐叙罢回到家里,我坐在平常写作的小桌前,决意来写这个话题了。我捉着笔不由自主地把头偏了偏,这便看见与我咫尺相距的地方,就是我睡觉的床,床头上是我睡起来不软不硬、不高不低的旧枕头,我暖暖地笑了起来。

我笑我枕头的旧,但我知道我的枕头也是新过的……人之一生,枕在枕头上的时间,最少占人生三分之一。由此推想,每个人生来,都不可能只用一个枕头,哇哇号哭着来到人世,最先枕的枕头,该是母亲的胳膊呢!这没法选择,也不能挑拣,你生在谁的炕上,吃上谁的奶,谁就是你的娘,你就是娘的儿子或女儿。娘这时候,还没给你准备一个你的枕头,娘就把自己的胳膊给了你。你自然而然,你理直气壮睡在炕上或是床上,不用你多找,娘都会把你的小脑袋搁在自己的胳膊上，哄你睡觉……一觉醒来，你睡舒服了，只有娘知道，她给你枕着睡觉的胳膊，是僵，是麻。但她一点怨言都没有，她只想你睡得踏实睡得好。你醒过来，小脑袋依然不离娘的胳膊，娘要抱着你，让你枕着她的胳膊，在她的怀里吃奶了……但你不能没有你的枕头，娘不能永永远远地让你枕着她的胳膊入睡，娘还有她的活要干，娘就要给你缝一个小枕头，把你的小脑袋搁在上面，让你独自来睡了。

我们老家扶风县的农村，数千年了，有种植糜子的传统。"千年的糜子百年的谷"，收进仓里的糜子是最经放的，千年不腐，百年不烂，小小的颗粒，都天生着一副黄铜般的硬壳。不分大户人家小户人家，逮着丰年的时候，都会种植储备些糜子，以备灾荒时救急之用。

娘给自己的孩子缝制的枕头，其中装着的是糜子。糜子性凉，小孩儿挨着不上火；糜子身重，小孩儿枕着落不了枕……再就还有一个好处，说起来要多费些口舌，那就是糜子的颗粒小，装在枕头里容易整形。

小孩子刚落生的一段日子里，小脑袋的骨质是软的，在枕头上怎么睡，小脑袋就可能长成什么样子。娘不想自己的小孩儿枕不好，把头枕得失了形，那就是娘一生的罪过了。特别是女孩儿,更不能掉以轻心。她们长到一定年龄,编辫子盘头,不在小时候把后脑勺枕平整,辫子编不好,盘头就更困难了。所以凡是女孩儿,不管她睡穈子枕头时,淘还是不淘,静还是不静,娘都会小心地把她的小脑袋放平在穈子枕头上,把她的后脑勺塑造得一抹平。

乡村里的孩子,都有枕穈子枕头的经历。我女儿出生在西安,我和她母亲没有想着给她枕穈子枕头。但女儿有外婆,外婆想到了,从扶风乡下,灌了一只穈子枕头,拿到西安来,给我女儿枕了。我女儿的后脑勺,就枕得非常平。

然而随着时间的推移,穈子枕头会退下来,让位给大一点儿的枕头,而这个枕头终也有退休的时候。这个时候,是个姑娘家呢,出嫁到了人家的门里,是个大小伙呢,娶了新娘有了自己的床,洞房花烛夜,绣着鸳鸯戏水、并蒂莲开的一对大红枕头,鲜艳亮丽地陈放在床头上,是要小两口儿头挨头来枕了。

当年的新枕头,变成了后来的旧枕头,这或是很值得细说的呢。

能把鸳鸯新枕头睡成旧枕头,这该是夫妻生活的一个证明，幸福着，美满着，是夫妻同床共枕的最终追求。但这是奢侈的，再和睦的夫妻，都可能口角，都可能闹别扭。口角过了，别扭过了，能怎样呢？"天上下雨地下流，夫妻吵架不记仇""百年修得同船渡，千年修得共枕眠""床头吵完床尾睡，亲亲热热头枕头"……民谣里说的，相信错不了。枕头在这里所起的作用，不是和事佬胜似和事佬，头靠头地枕在枕头上，事不事的，就都不是事了，仇不仇的，就都不是仇了。枕头见证着夫妻的恩爱，枕头调和着夫妻的矛盾，枕头是夫妻不能离、离不了的温柔乡。

不要认为枕头没长心眼，不要认为枕头说不了话，夫妻留给枕头的恩爱与情仇，枕头都顽固地记忆着，夫妻在枕头上吹的枕头风，枕头都顽固地聆听着。枕头知道夫妻的一切，懂得夫妻的一切。因为记忆，因为懂得，新枕头变成了旧枕头。旧枕头反对欺瞒，旧枕头反对背叛，谁若不信，欺瞒旧枕头一次试试，背叛旧枕头一次试试，旧枕头会用自己的方式告发你，让夫妻的一方，明晰你的欺瞒，明晰你的背叛，使你得到应有的惩罚。

新枕头没有这个能力，唯有旧枕头有。

夫妻的气味，长长久久地被旧枕头吸纳；夫妻的声息，长长久久地被旧枕头接受。突然地，枕上来一个不一样的脑袋，他或是她，气味和声息是旧枕头不熟悉的，旧枕头反抗不了，但旧枕头会反感，甚至会恶心，然后以自己的方式，告诉给被欺瞒、被背叛的一方，完成自己对他们夫妻生活的救赎和改造。

许多夫妻间的问题，都是不尊重旧枕头造成的。其中一些夫妻，睡在旧枕头上，却还等着新枕头，甚至追逐新枕头，那么你就老实等着吧，等着自己睡不好觉，等着自己活受罪吧。

2017年6月2日　西安曲江

陪着孩子

陕西师范大学附中是我女儿吴辰旸的母校，女儿三年初中，三年高中，从母校毕业，先去上海的同济，再到美国的斯坦福，如今在英国的帝国理工读博士。女儿每一次回来，都要抽时间到她的母校去，在校园里走一走……这个时候，没有碍手绊脚的事，我是一定要陪着女儿一起去的。

每到这个时候，我就会想起女儿小升初时，她有机会读西工大附中，也有机会读交大附中，还有铁一中也是能读的，她的成绩在那里放着，这几所西安有名的中学都为她敞开了大门。女儿进哪一所中学的大门好呢？作为家长，我和妻子没给孩子拿主意，而是把选择的权利交给了女儿。我们的观点是，中学六年，是女儿自己在读，应该由她选择，选择她喜欢的中学，对她的学习只会有好处，不会有坏处。于是和女儿商量，我陪着女儿，带着考察的眼光，来选择中学了。我今天不把这个秘密写出来，没人知道还有这样的事，原因是在西安市，这几所中学的名气太大了，从来都是学校选择学生，而很少有学生选择学校的。我女儿有这个条件，在这几所中学中来做比较，来做选择。女儿没有迟疑，我们家长也没有迟疑，选择了离我家相对近一些的陕师大附中。

女儿没有辜负陕师大附中，陕师大附中更没有耽误女儿。前些日子，同在陕西省作协担任副主席的朱鸿兄给我打电话，言说陕师大附中开办了以张寒晖先生的名字命名的论坛，看我可有兴趣去讲一堂。我答应了，女儿吴辰旸的母校呢，我必须答应。答应得倒极干脆，可到要进学校讲的时候，却犹豫得很，甚至极是糊涂。我准备了个题目，也拟了个提纲，但走上学校礼堂的讲台，往座无虚席以至楼道都坐满了人的台下一看，我没有改变我的题目，却改变了要讲的内容。

我深刻地意识到，在女儿的母校里，我只是个家长。

有了这个意识，我觉得自己首先摆正了位置。天下事，最难的便是摆正自己的位置了。你是谁？你能说什么？位置摆正了，就不会出问题。古代中国有个杀头的罪叫僭越，就是有人因为摆不正位置而获罪。在女儿的母校里，我以一个家长的身份，说说我与孩子的事，应该是合适的。而且我有这方面的话说，我说的中心意思，就是作为题目的四个字：陪着孩子。

那天，我就这个论题，说了很多，在这里不好一一罗列，只说我们男家长，不能只依赖孩子的母亲陪孩子吃饭，陪孩子游戏，陪孩子做作业，我们男家长应该承担起自己陪孩子的责任，特别是做作业这件事。我和我熟悉的一位男家长讨论过这个问题。作为孩子的父亲，我能理解，很多人在社会上有地位，责任大，应酬多，要吃饭，要喝酒，要打麻将，要唱歌，要洗桑拿……要做的事的确很多，只是真的就躲不开，就非得亲力亲为吗？借口，全都是借口。我要坦白了，曾经的我也在那些借口的掩护下，逃避着作为一个家长的责任，很少陪孩子。

女儿读初中了，作业一下子多了起来。

女儿做作业，原来都是母亲陪着的。女儿用的书桌很小，就是那种市场上所谓的儿童书桌，铁皮冷压而成，刷上好看的图案，有螺丝固定，可以变矮，也可以升高，但不论怎么变，这样的书桌到女儿上初中时，确实是不够她用了，满桌子的书，满桌子的作业本。看到这些，我和女儿对调了一下书桌。我原来的书桌是大的，完全木制。我把我的大书桌腾出来，与女儿的小书桌换了一下，她根据需要用起了大桌子，我根据可能用起了小桌子。

书桌的问题解决后，我发现了一个新问题。女儿的饭量太小，而她的母亲关心她，在女儿推开饭碗，钻进书房去做作业时，母亲是要给她加餐的。先是削一个苹果，削掉皮儿后，再切成牙儿，放在一个餐盘里，给每个苹果牙儿上都扎上牙签，端到女儿眼前，要女儿吃了。但女儿没有吃，而且毫不客气地抬手推到一边，这让母亲伤心了，退到客厅里，想不明白女儿为什么这样对她。想一会儿，想明白了——女儿今天不想吃苹果，想吃橘子。母亲于是又如法炮制，找来橘子剥去皮，一瓣一瓣撕开来，扎上牙签，放在盘子里给女儿吃。女儿并不因为母亲的改变而改变，比之前有过之而无不及，依然干脆地把橘子推到一边。母亲能怎么办呢？就更伤心了，退到客厅还不成，最后躲到阳台上，无声地抹起泪来。母亲因此想得更多，她想孩子在学校可是受了什么委屈，或者是被同学欺负了。母亲一直想，越想眼泪越多。她可能以为孩子不知道她流泪，其实孩子什么都知道，造成的结果是，她流的泪越多，孩子做作业花的时间越长，不过十二点就做不完……

母亲把自己无微不至的爱，在这个节骨眼上，都变成了烦，无边无际的烦。

父亲陪孩子怎么样呢？我就勇敢地陪起了我的女儿，把从女儿手上接过来的小桌子摆在书房门口，像孩子一样努力，孩子做她的作业，我读我的书，读出感觉了，我还动笔来写。当然，在这个过程中，孩子的母亲要关心我们，我们也是开心的，端来了苹果，端来了橘子，我在书房门口感激地接过来，还客气地把她送出门，说她辛苦了，早点休息……长此以往，我陪在孩子身边，把打麻将的毛病改了，把应酬吃饭的时间减少了，到孩子六年中学学习结束考上大学的时候，我把陪在孩子身边写出来发表了的文章整理了一下，竟有四本书的厚度。整理出版后，我一个过去的媒体人，竟然摇身一变，成了一个自鸣得意、孩子高兴、妻子开心的作家。

我要说，陪着孩子真好。

2017年4月15日　常州文笔山庄

牛角梳子

没有解不开的疙瘩,没有化不开的矛盾。话是这么说,但事实告诉我们,做起来却非常难,特别是在婆媳之间。

妻子陈乃霞还是我女朋友的时候,我与她商量好了,要带她见我的母亲。她倒不怎么紧张,我却紧张得不得了。这是因为,我已见过她母亲了。知子莫若父,知女莫若母。她母亲见了我后,给我说了,说她女子歪。关中方言里的这个"歪"字,与书面语是不一样的。我曾经想,会不会有一个这样的同音字呢?可是失望得很,我查阅了多种字典,都没有找出一个可用的同音字。那我就只能用这个"歪"字了。"歪"字在关中,尤其是关中西府,被一个母亲用在自己女儿的身上,我知道,那是信任了我,给我交底哩。母亲说她女子歪,就是说她女子脾气大,让我对她女子有让寸。

后来,女朋友嫁我做了妻子,我把她母亲说给我的话,转述给了她。她不无得意地说,我母亲是给你打预防针哩。

妻子"预防针"的说法,一针见血,是说对了。她要见我的母亲,我母亲能给她说啥呢?心里忐忑的我,与还是我女朋友的陈乃霞,到我乡村的老家,见了我的母亲。她们像前世的母女,当下便腻在了一起。

母亲问腻在她身边的她了:你才说你叫啥?

她说了:我给你说了嘛,我叫陈乃霞。

母亲把她的姓隐了去,只说她的名:乃霞,你说我娃他叫啥?

还是女朋友的她,此时不知道我的乳名,她只说:我不知道他叫啥,能跟他来吗?

母亲笑了,笑得那叫一个纯净,她把还是我女朋友的她叫作了女子。

母亲说:女子哩,你叫乃霞,我娃叫乃田,你俩名字相连,就该进一家门,吃一家饭哩。

有了母亲的这句话,我与女朋友,选在1990年的国庆节前后,很自然地走进了一家门,吃起了一家饭。

同时很自然地,也和我的母亲住在了一起。天下老人爱小儿,我们兄弟姐妹,秩序井然地排到了七,我即是那末尾的七了。父亲离世早,十四岁时,一场发生在"文革"时期的大变故,使我们原来二十多口人的一个大家庭,分门立户,变成了五个小家庭。母亲担心我小,就与我相依为命地生活在一起。我走到哪里,母亲就到哪里,我不会离开母亲,母亲更不会离开我。

最初几年,我在咸阳报社工作,妻子在省木材公司上班,两地分居,只有在星期天的时候,妻子才有时间到咸阳来,我们一家人其乐融融地团聚一天,到星期一早晨,妻子又得搭车往西安去。母亲心疼她的这个儿媳妇,在这一天,总要千方百计地给她的儿媳妇做好吃的,而且叮嘱她,要多休息。妻子不是失惯的人,她在家里一天,把一天恨不得当作两天用,要母亲什么都不要做,要母亲闲下来。为此,两人推推搡搡,母亲的年纪毕竟大了,她争不过妻子,却也怎么都闲不下来,跟在妻子身后,见缝插针地总要搭把手。

妻子每周回咸阳,都不空手回。这一周是西安竹笆市的樊记肉夹馍,下一周是坊上的柿子饼,再下一周是桥梓口的粉蒸肉……西安的名吃,一样一样地往咸阳带，让母亲足不出户，吃了一个遍。

母亲真诚地喜欢上了她的这个儿媳妇，她想把她与儿媳妇相处的好说给人听，在咸阳城找不着可以说的人，就坚决地要我把她送回扶风县的老家，搬个小板凳，坐在我家门口，给她的老姐妹们，说了好些天。我回去接母亲，左邻右舍与母亲说得上话的人都来了。她们问了我母亲说给她们的话，我向她们证实着，这便看出她们眼里的羡慕和向往。她们向我询问求证的一个话题是关于母亲下澡堂洗澡的，这件事太有趣了，我一直记着，怎么都忘不了。

快八十岁的老母亲，平生第一次下澡堂洗澡，是妻子带着她，去我在咸阳工作地的近邻彩虹厂洗的。母亲的脚太小了，绝对的三寸金莲，浴池里的女工成十上百，她们没有见过母亲那样的小脚，而母亲又哪里见过如此多的女人，脱光了一起洗浴？女工们的眼睛齐刷刷看向了母亲，而母亲也惊愕地看向她们。在那一刻，有种窒息的感觉袭来，母亲突然地拧转身，抬脚想要离开浴池，幸亏妻子早有觉察，拽住母亲，温言软语地劝慰着，帮助母亲脱衣服，泡在澡堂子里，让热烫烫的水，把母亲泡了个透，舒舒服服地洗了个美。

母亲是个好干净的人，以后的日子，妻子从西安回咸阳，她不再扭捏，都要在妻子的服侍下，去彩虹厂里洗一次澡。

我和妻子有了女儿，女儿更成了母亲的打心锤锤。我们在咸阳的新房里，快快乐乐地住了几年，我想把妻子从西安调到咸阳来，而妻子则通过考试，考进了省委组织部。为了团聚，《西安日报》复刊，我就从咸阳日报社调到西安，母亲因此跟着我，也从咸阳搬到了西安。

西安的房子是租下来的，住了半年时间，母亲嚷嚷着要回老家。我想母亲又要给她的老姐妹们炫耀什么了，我没理母亲的要求，逼得母亲都流了泪。妻子为母亲帮腔说我，我才借来汽车，把母亲送回老家，交给退休在家的二哥，让他们照顾母亲。

二哥是位至孝的人，还有我的大姐和二姐，都在邻村，今天你来，明天她来，母亲应该是不寂寞的，可是二哥打电话来，说母亲要我回去，她有话给我说。我耽搁了两天，回到家里，只听母亲给我说了一句话。

母亲说：你娃有福，要了个好媳妇，你要知福哩，可不敢混蛋无理。

听了母亲的话，我没说什么，就回了西安。没承想，母亲在我回西安后，只进水，不吃饭。这可急坏了二哥他们，怎么劝说都不起作用。二哥没办法，给我打电话说，咱妈说咱爸叫她去哩，她没啥牵心的了，她陪咱爸去呀。

父亲是在我十四岁时辞世的，母亲心里有他，我能理解，但母亲咋能绝食呢？我给妻子说了母亲的情况，妻子当即决定，和我一起回老家，劝说母亲。可是一个料想不到的事情发生了。妻子从单位骑着自行车回我们租住的地方，半道儿被一辆摩托车撞了一下，她倒地时，脑袋磕在道沿上，当即昏了过去。

妻子昏昏迷迷地躺在医院里，我要照顾她，就没能回老家去。医生的诊断是，妻子可能成植物人。在第六天的时候，二哥打电话来，说咱妈不行了。她老人家清早起来，烧了一锅水，把自己洗了，穿上她早预备好的老衣，让他们给她支了床，自觉地躺上去，像睡似的，没有声息了。我心痛着，站在妻子的病床前，眼泪直在眼眶里转。就在这时，我看见昏迷着的妻子，睁开了眼睛，她问我话了。

妻子问我：咱这是在哪儿呀？

妻子问了我这句话后，似乎知道了这些天的情况，伸出手来，拉住我的手，又给我说了。

妻子说：梳子……把咱妈留给我的梳子拿来，我要梳头。

我赶回租住的地方，给妻子取来母亲留给她的那把牛角梳子。母亲的这把牛角梳子，她用了一辈子，妻子用它，没少给母亲梳头。这一次回老家，母亲把总是带在身上的牛角梳子，留给了妻子。我听妻子说，母亲把牛角梳子留给她的时候说了，她没啥能留给妻子的，就只有这把梳子了，年轻时，她的头发又黑又长，现在老了，头发还黑黑的长长的，都是这把梳子梳来的。

母亲没给妻子说她用不上牛角梳子的话，而实际情况是，母亲心里清楚，她是用不上牛角梳子了。

我从租住的房子，把牛角梳子拿到医院来，给妻子的时候，心里蓦然回想起母亲说过的那句话：我不能活娃的日子！过去了二十三年，就在妻子今年3月14日经组织考察，赴任省高教工委副书记的时候，我们在家里又一次想起母亲的话，不由得唏嘘喟叹，约定清明节一定要去母亲的坟头上，给母亲告陪一声。

2017年3月23日　四川阿坝州

受人

翻开手机新闻,总有一些与错爱相关的人和事,被小编们排在重要位置,打着滚儿往人的眼里钻。就在我动笔写这篇短文的时候,不自觉地翻看手机新闻,排在第三位的又是这样一条,标题之血腥,让人都不忍心打开看了——《男子将漂亮妻子脑袋砍下扔出窗外,他随后跳下20层楼自尽》。消息中的故事发生在绥中县,夫妻俩去广东打工时认识的,结婚后回到故乡,育有一女,却不知怎么就闹得过不下去,最终酿成如此让人痛心的惨案。

我不想罗列案件的细节,只是想说,这该是错爱的一个活教材。

人之一生,错爱者太多太多,所以有音乐家谱写了《错爱》这首歌,有剧作家编写了《错爱》这部剧,演唱和放映出来,无不催人泪下。常常听,常常看,观照着我们的现实生活,让人真的是好无奈,真的是好扫兴……怎么办呢?人啊,好了伤疤忘了痛,是还会错爱还会痛的,对此,谁都没有办法。

不过细想下来,应该还是可以解决的。

可是解决起来,当事人一定不能太理想,而且不能太幼稚,应该抛弃自己所谓的尊严、所谓的脸面,以及可能有的英雄气和主宰心,当然也要放下自己动不动义正词严,与人讲理什么的伎俩,如此只能弄巧成拙,把不是问题的问题弄成无法处理的问题,把不是矛盾的矛盾搞成解不开的矛盾。大家想想:一个家庭需要英雄吗?如果有,这个家肯定无法安宁,要不了多长时间,家里的英雄,就会把一个完美的家打散伙。而且在家里不要讲理,因为家就是家,两个人走到一起,绝对不是讲理的结果。两个陌生人相见只是讲理,是讲不成一家人的。彼此走到一起,领了结婚证,办了结婚宴,钻进一个被窝,不消说,彼此讲的只有爱,唯爱才能成夫妻。

如何爱,能爱多长时间?

这的确是个问题呢,而且是个谁都回答不了的问题。有人可能生生世世,有人可能一时半会,三分钟的热情过去,就什么都没有了。便是生生世世的爱,也是不敢当真的。没有真正进入一日三餐的生活,开始一年四季的劳作,慢慢地感受,慢慢地体会,不能知晓其中的滋味,很难说会爱。

我听母亲生前说我父亲,斩钉截铁两个字:受人。

父亲比母亲走得早,走的时候,母亲也就五十出头,而我也才十四岁。家里人安葬父亲,母亲没有流泪没有哭,直到把父亲葬埋到坟墓里,家里客人散去,只剩下我和母亲了,我因为数日悲伤和劳累,呼呼地睡了过去,一觉醒来,发现母亲在炕头上暗自垂泪,很无奈又很无辜地说起我的父亲。母亲说着父亲和她的往事,每说一句话,都要说出"受人"这两字。因为古周原人说话发音的特点,我在初听母亲说"受人"时,都听成了"仇人"。父亲是母亲的"仇人"吗?显然不是。从母亲当时的泣诉,以及后来几十年对父亲的怀念来看,父亲绝对不是母亲的"仇人",他们是绝对的恩爱夫妻,生前恩久,死后爱长。

前些日子,我与妻子在家扯闲,扯的什么事,我忘了,但记住了妻子说的一句话。她说我让她可是知

"受"了!

妻子的"受"字出口,把母亲说我父亲是"仇人"的话,正确地解读出来了。母亲关于父亲是"仇人"的说法,被我听错了,母亲嘴里的父亲应该是她的"受人"哩。

夫妻之间,"爱"过之后,大概就只有"受"了。原来是你爱我、我爱你,爱到了洞房,彼此的一些毛病暴露出来了,一些矛盾也凸显出来了。只有爱已经不能解决问题,甚至因为爱,毛病和矛盾更不可调和。爱得越烈,爱得越浓,还可能越发不可收拾,终到了,也许就过不下去,打了离婚呢。

电影《我不是潘金莲》里,几位年轻的法官给老院长夫妻设宴庆祝金婚,问起老院长夫妻风风雨雨五十年,不离不弃的秘诀,老院长说了一个字:忍。老院长的妻子说了四个字:一忍再忍。我看过电影后,把电影里的其他话都忘了,唯独记下了这两句话。我所以能记下,是因为那看似简单的两句话,说的可是夫妻生活的一个真理呢。

忍。一忍再忍。可不就是在油盐酱醋的庸常生活里,你受得了她,她受得了你吗?长此受着,受得了受不了地受着,从一头青丝受到满头白发,才是真正的好夫妻哩。

爱人——这个夫妻间的词儿,是从什么时候流行起来的呢?对此我不想刨根问底,我只是作为一个六十多岁的过来人说,好夫妻是应该相爱的,而爱人比爱己更重要。可不是吗?在我出差南京的那天早晨,妻子在厨房里给我收拾出门吃的面,这是她的习惯,讲究"回家饺子出门面"。可我清早出门不想吃面,就找碴儿躲面。妻子不能忍了,把面碗端到饭桌上,大声喊起了我。

妻子喊:受人,面。

哎哟哟,妻子到我们老来,把我母亲说我父亲的话毫无缝隙地承接了过来,也叫我"受人"了。她这一叫叫得好,让我回想我们的生活,可不就是最初时两人相见,她接受了我,我接受了她,走进婚姻后,她又忍受了我,我也忍受了她,几十年的日子过下来,可不都是"受"下来的吗?

我是妻子的受人,妻子也是我的受人。

2017年4月14日　南京东华宾馆

活着

活着,怎么才是活着?

我的理解是简单的,就是一个人能干活儿,干得了活儿,就是活着,而且是,谁的活儿干得好,谁就活得好,谁的活儿干得精彩,谁就活得精彩。否则,就只能是另一种状态了,睁着眼,喘着气,能吃能喝,却如行尸走肉般悲催凄凉。

我是这么看的,而别人怎么看,就难说了。譬如作家余华,以一部十来万字的长篇小说《活着》,阐释了他对于活着的理解。这部作品使他荣获了法兰西文学和艺术骑士勋章。我因此拜读了这部长篇,发现他可真能侃,讲述了一个叫徐福贵的人,随着内战、"三反五反"、"大跃进"、"文化大革命"等社会变革,活得不明不白,活到最后,所有亲人都离他而去,他只与一头老牛相依为命……这是余华的活着，活着只有困难，活着只有悲伤，活着只有孤寂……他的活着，只能是他的活着，我相信那只是活着中的一种，而人们普遍的活着，应该有多种多样的方向、多种多样的结果。

塑造人类数字生活的乔布斯，就活得很不一样。他是个私生子，1955年2月24日出生在旧金山，正在这里读研的母亲想要把他送给一个有大学教育背景的家庭，结果却被一对受教育程度不高的夫妇收养。而他读书时，还不甚用功，调皮顽劣得让校方觉得他不可救药。幸亏受教育程度不高的养父母坚持，依照他的心愿让他读了一所不甚有名的里德学院。在那里待了六个月，他退学了，不过他可以继续住在学校，旁听他喜欢的课程。十年后，他设计出了第一款"苹果"电脑，从此有了"苹果"的不断成长。

保持饥饿，保持愚蠢。

想想看，谁会喜欢这样的生活呢？余华《活着》里的徐福贵，一定不会这么想，因为他只是余华臆想出来的人物，余华想要以他为批判的工具，所以他必须活成余华想要的状态，不会想"保持饥饿，保持愚蠢"，他没有乔布斯的智慧。

乔布斯喜欢这句话，欣赏这句话，并以此话为他的座右铭，所以他活着，就活得好，活得精彩。

人活着，不能只想着富贵，不能只想着发达，那是会误了自己的。因为富贵不是想出来的，发达不是想出来的，就如《活着》里的徐福贵，作家给他起名福贵，他在作家的笔下，想着也要富贵，可怎么样呢？他富贵不了，富贵不了就也发达不了。所以，一个人只是想，是想不出什么好结果的，到头来只能是白日做梦。

还是我说的话，活着就是干活，有活干，干得了活，就是自己活着的福气，就是自己活着的证明。

我的认识影响着我，在我活着时，把我能干的活，千方百计一定要干好。我少年时，在村里的小学读书，是班里读书读得认真的一个人，参加初中考试，我的成绩如果一般，是一定上不了初中的。那时候的政策规定，像我这种"可教育好的子女"，因为家庭原因，一个县只政策性招录两名初中生，我因成绩原因，政策性地上了初中。然而"文革"一来，我断了求学的道路，十三岁即返回家乡，成了一个地地道道的农民。

农民与土地，水乳交融。

我没有怨言，我像我的祖爷爷、爷爷和父亲一样，立志要成为一个庄稼把式。我做到了，三两年过去，"摇耧撒籽摞垛子，扬场折项旋筛子"等农活里最难对付的霸王活，我都能干了，而且干得漂亮，到十八岁时，就已骄傲地成了村里可以领活的人。在这期间，我还自学了木工和雕漆手艺。手艺活儿来不得半点马虎，要做就必须做好。我摸索着自学，却也做出了名堂。在扶风县北乡一带，我做的风箱比别人卖得贵，可又比别人卖得快。我琢磨风箱制作的窍道，发现了做好风箱的秘密，我做的风箱，无论大小，气儿都很足。我打制的架子车比别人卖得贵，可也比别人卖得快。我揣摩架子车制作的窍道，发现了打制好架子车的秘密，所以我打制的架子车，新也罢，旧也罢，都结实耐用……前些日子，门分里一位堂兄过世，我回村里奔丧，还发现了我当年制作的风箱、打制的架子车。大家论说起来，说二三十年了，人不如物，许多买了我风箱和架子车的人殁了，而我制作的风箱、打制的架子车还在。经我手做出来的家具，俨然成了我那一段乡村生活的证据。

还有我的雕漆活儿，在我们老家，也还流行着。好几年前，有人挨门齐户地找，找到我的雕漆活儿，就不讲价钱地收。听说收了许多件，有梳妆匣子，有描金箱子，我想从他手里买一件做个纪念，人家都不出手。

后来我走出故乡，读了大学，毕业后在新闻单位工作，再后来，我又拾起文学创作的笔，来干写小说、散文这样的活儿。我告诫自己，这与我年轻时种庄稼、做活儿、玩雕漆，没有什么本质的不同，都是自己拾起来拿在手上的活儿。

既是活儿，就必须干好。

但我又常是缺乏自信的，鼓足干劲在干一件活儿时，心里倒是底气十足，自觉自己的活儿干得不错，可到把活儿做好拿出来时，却非常恐慌。正如我今年春天一样，铆足了劲，把自己酝酿了十年、想写不敢写的故事，从1月1日动笔，到4月10日收笔，点灯熬油写出六大笔记本的文字，厚厚一摞，比砖头还厚实。写完了，垛在书桌上，却不敢翻开来看。我想着其中的人物，还有其中的故事，直觉活儿做得粗糙了，还不精细，还有大修大改的空间。可我心虚得很，我需要鼓励，而这个鼓励不是别人能给的，只能求助于自己。

"人家的婆娘，自己的娃娃。"

在乡下干活的日子里，常听人说这句话。我听得懂这句话里的意思,那就是别人家的婆娘生得好,自己家的娃娃长得好。这是不是一种鼓励呢?"保持饥饿,保持愚蠢",我应该保有这样的品格,承认自己的不是,活着咱就干咱自己的活儿。

而且一定要把自己的活儿干好。

2017年6月4日　西安曲江

心气

人活一口气。

活的是哪一口气呢?最基本的该是呼吸吞咽的那一口气了,也就是普遍存在的自然之气。但我想了,不会这么简单,还应该有一口气,亦即人的心气呢!

自然万物,小到一只蚂蚁,细到一株纤草,无不呼吸着自然之气。我不是蚂蚁,不知道蚂蚁可有心气;我不是纤草,不知道纤草可有心气。但我可以肯定,人之所以从自然万物中脱颖而出,是因为人不仅要呼吸自然之气,还要有一股子心气,心气让人自万物中脱颖而出,让人成了人。

"没有那口心气,我是做不了这些的。"在西安日报工作时,我几次听我的采访对象这么给我说。当时,我没怎么太在意,到我年过花甲后,回想起他们说过的那句话，再结合他们的事迹，我有点儿明白过来——心气之于人，是太关键了。

标题为《盲人木匠魏旦旦》的一篇小通讯的主人公，不是最早给我说这句话的人，也不是最晚给我说这句话的人，但他说了后，对我的冲击和影响是最大的。正如我的小通讯题名一样，他是个盲人。我在想，也搜索记忆中的盲人，知道上帝给他们关上一道门的时候，可能给他们打开一扇窗，让他们也好走出一条道来，在那条道上走出他们的灿烂，甚至是不平凡的未来。譬如我国盲人音乐家阿炳，就以他怀抱的一把二胡，在太湖边上，创作了二胡曲《二泉映月》《听松》等二百七十多首民间乐曲，成为一位伟大的作曲家。再譬如古希腊的盲人诗人荷马，创作了史诗《伊利亚特》和《奥德赛》成为一位彪炳史册的伟大诗人。这样的人物还有很多，我敬仰他们，是因为我相信盲人虽然不能目视，但他们可以思考，可以想象，不能目视的思考和想象，在某种程度上，还可能超越目视的界限，产生目视所不能及的效果，可能奇绝，以至奇诡，甚至奇幻。然而盲人魏旦旦，跟他们不一样，他玩的是手艺活。

手艺是靠手的，眼到手到，才可能艺精。

双目失明的他，是怎么做到的呢？我20世纪90年代初时，骑了辆自行车，撵到他家去，目睹了他制作箱箱柜柜、桌椅板凳的场景，时至今日，依然历历在目，不能忘记。他是智慧的，为了弥补双眼失明的不足，他为自己设计制作了五花八门的专业工具，让这些工具做他的眼睛，很好地帮助他，完成一道又一道工序，最后又完美地组装起他要的一件木器家具。

我吃惊他的作为，在和他攀谈时，就听到了那句话。

他说了：我可以不做木工活的。

他说了：但我的心气高，我不相信我做不了木工活。

心气在他身上，就是这么不断鼓舞着他，使他成为长安地界上名望远播的一位大木匠。

眼没了，心就亮了。

友人早起发给我一条微信，我翻看着，突然就看到了这句话。说这句话的是一群山西省左权县的盲人，半个多世纪前，他们自发组织起一个当地人俗称"没眼人"的宣传队，在太行山里的左权县等地，翻山爬沟，为当地老百姓宣传演出。他们的事迹被一位叫亚妮的杭州姑娘知道了,她毅然走进他们中间,与他们同吃同住,至今已有十多个年头。

亚妮姑娘在走进他们中间之前,可是浙江卫视的当红主持人,并兼着制片人和导演的职责,而且已光光鲜鲜地获得了"金话筒奖",当选了全国"十佳"主持人。但命运让她见着了左权县盲人宣传队,她像丢了魂一样,放弃了她所拥有的一切,勇敢地走进了他们中间。亚妮有段描写左权县盲人宣传队的文字,写得诗意,俨然一幅让人动容的画卷:"一队'剪影'行进在夕阳中,左手搭肩,右手牵棍。十一个人,铺盖齐整地扣在后背,有微弱视力的最前领路,其他人手拽前人铺盖绳,夜壶统一挂在右侧,锃亮的釉彩在夕阳下泛着光。他们是太行山独特的生命形态,集体生活,流浪卖唱……山间赶路时,没听众,盲艺人也会扯着嗓子开唱,不为取悦任何人。"

我写文章,这是引用他人文字最多的一次。亚妮的文字,深深地打动了我,我想也一定打动了她。如不然,她怎么可能放弃已有的事业与成就,走进他们中间,用十几年的时间,把自己差不多也走成和他们一样的人了呢?

我没有见过左权县盲人宣传队,没法问询他们:所以数十年在太行山里巡回宣传演唱,可是因为他们胸腔里的那一股心气?

我没有见过走进他们中的亚妮姑娘,亦无法证实:所以十多年不离不弃,可也是因为她胸腔里的那一股心气?

我没说过武断的话,在这篇文章里让我犯一回忌:我相信他们所以坚持,所以不离不弃,都是因为胸腔里的那一股心气。

心气使人坚强,心气使人成就。

2017年5月16日　榆林神木

挑在肩上的华山

爬过华山的人,都会遇到这样一些人,他们肩挑背扛,一步一步地向山巅攀爬,他们的肩背上,挑着的有钢筋水泥,有油盐柴米,有……华山需要什么,他们的肩背上挑着的就有什么。我几次陪人登华山,感慨华山就挑在他们的肩上。

程玉良是他们中的一位,可能还是年龄最长的一位。他是什么时候来挑华山的?没有人问他,他也无意给人说,只是日复一日、年复一年地攀爬着华山。这使他的腰身越来越弯,脸上的皱纹越来越深。在那群挑华山的人里头,我敢说,他是最为独特的一个人。

别人的肩背上,挑着背着的,都是华山需要的物资,他也一样,但他还有一件不一样,那就是他吹的笛子。

程玉良的笛子是普通的,就像生长在路边的哪根竹子,被他锯下来,锯出一截,打通其中的关节,钻出七音小孔,就成了他须臾不能离身的宝贝了。我在登华山的险途上,与他相遇后,很仔细地看了他的笛子。那把他没有吹奏时,别在肩背上货物里的笛子,是朴素的,没有专业演奏者所用笛子的雕凿痕迹,好像还有点弯曲。但我猜得出来,就是这样一管竹笛,任凭专业人士想要用他的华贵的笛子来换,他也是不会换的。

这管素朴的笛子,随在他的身边,应该有些年头了。这从笛子的竹皮上看得出来,原来黄亮黄亮的质地,因为汗油的浸润,一日一日的浸润,一年一年的浸润,如今已黑红黑红。这样的黑红,不是七彩的油彩可以染出来的,唯有汗油,唯有岁月,才能浸润出来……我的眼睛黏在了他的竹笛上,跟着他艰难攀爬的脚步,一直地向着华山顶上移动。他与我擦肩而过,与我拉开一段距离后,他很谨慎地选择了一处能让他歇一歇肩的地方,把挑在肩背上的货物靠了上去,抽出他的笛子,用他满是汗油的手,捋抹了几下,就又贴在他满是汗油的嘴皮子和脸腮上,这便有一曲清越的笛音,悠悠然然地荡漾开来。

程玉良吹奏的是什么曲子呢?我不敢说我多么了

解曲乐，但我绝不是个乐盲，可我认真地听着，却听不出程玉良吹奏的是什么曲子。不过，他吹奏得很投入，有点自得其乐，还有点淡淡的伤感。他吹奏着时，旁边的树枝上，有只什么鸟儿叫了，他就仰起头来，追着那只鸟儿，学着鸟儿的叫声吹了，他吹得真切，鸟儿叫得真切。忽然又有鸟儿参加进来，他就还要呼应新来的鸟儿吹奏。适逢此时，他一根竹笛与鸟儿的和鸣，响亮成一片，蔚为景观。爬山的众生，莫不被他吸引，驻足观之，欣悦之情一扫因为爬山而累的狼狈相……他自己也是，仿佛那美妙的笛声和鸟叫，就是驱除他劳烦的妙音。小小地享受一会儿后，他把竹笛从嘴唇上收回来，别进肩背上的货物里，就又肩挑着沉重的货物，向华山的更高处攀爬了。

他的头发已经很白了，用霜色形容一点都不为过。他是那么消瘦，细细的脖子上，因为肩背上的重量，还因为奋勇的攀爬，鼓凸起一根一根的青筋，顺着青筋，向胸窝里流淌的是小河一样的黄汗……我凝望着他，希望这是他最后一次往华山顶上肩背货物，哪怕因此少了他这样一道风景，我的心也会好受一些。

程玉良的身影隐没在华山道上的转弯处，何天武却又顽强地出现在一段比一段陡峭的山路上……凤凰卫视的纪实性节目《冷暖人生》，早在2006年的时候就把镜头对准了他，以他为原型，做了一档让人难忘的纪实性节目。

我从节目中知道，何天武1962年出生在秦巴山区的偏僻山村里，成家后，媳妇生了两个孩子，日子过得十分拮据，但又雪上加霜般的，一种怪病缠上了他的媳妇。为了给媳妇治病，供两个孩子读书，他去了河南一家私人小煤窑，当起了背煤工。"屋漏偏逢连夜雨"，一次突如其来的塌方，把他砸晕了，当他醒来时，始知他的左臂已被锯掉了。拿着一点可怜的赔偿，何天武回到老家，在几亩贫瘠的山地转了一圈，咬咬牙，拖着残缺的身子，就又离家来到了华山。

华山没有嫌弃何天武。

但十二公里的华山险道，对于决定做挑夫的何天武来说，将要付出多么大的艰辛呀！他知道，对于肢残的他来说，没有退路，那么就只有忍耐，只有艰难地向上再向上……唯有如此，他困苦的家才能支撑下去，才不至于垮掉。信念在胸，什么苦，什么难，何天武就都克服了。山里汉子，都有一副自幼练就的硬肩背，何天武就用他的硬肩背，每次负重上百斤，攀爬在华山道上。每日天不亮，他就起床烧饭，放下碗就去山道上拼命，天不黑不回屋门。掐指算来，如今他在华山道上，已经攀爬了十二年。每到月末，他有二三百元的现钞，可以通过邮局寄回家去，履行为人父、为人子的责任。

何天武感激华山。他在电视采访里说了，华山在他最无助的时候，接纳了他，使他树起了做人的自信和尊严，他的心，和华山已经融为了一体。

笛子程玉良，独臂何天武，在华山挑夫里是独特的，其他挑夫呢？也各有各的特质，他们混杂在游览华山的行人中，一步一步，步步向上，攀在华山道上。我看着他们，没来由地眼酸，透过迷蒙的泪帘，我恍惚发现，那高峻的华山，就挑在他们的肩上，他们是华山的儿子，华山是他们的父亲！

2013年4月17日西安曲江

纸缘

我要说，我是个与纸有缘的人。

当然了，曾经的我与土地也十分有缘。

这么来说大家应该清楚，我出生在乡村，有相当时期的乡村生活，后来进了城，远离了乡村，拿起笔与纸打起了交道。生活在乡村的时候，我面朝黄土背朝天，整日与土地纠缠。如今我已进入老年，但我还要说，我爱土地，我是土地上一个称职的作业者。庄稼地里人称"霸王活"的农活，我十来岁就做得了。譬如"摇耧撒籽摞垛子，扬场折项旋筛子"，我便干得出类拔萃，年纪轻轻的，就在村子里领活干了。当时我的自留地与我本家大哥的相邻，我大哥比我肯出力、有耐心，但他种植的麦子、玉米，或是别的什么庄稼，总是不及我的收成好。大哥非常不解，与我坦诚交流。我给他说，与土地打交道，出力受累是必然的，但不能傻出力、傻受累，还要讲点技巧。我这么来说，就直指我大哥虽勤奋，实做了许多无用功。像他把土壕里的土，一车一车拉回家，一把屎一锨土，一泡尿一锨土，一撮灰一锨土，看似积着肥，可那样的粪肥，拉进自留地里，能有多大的肥力呢？两年下来，还把自己的自留地抬高了许多，到灌溉时，他的地势高，要跑水，一跑就跑到了我的地里……我这么给我大哥说了，他哑然一乐，说他明白了。但我知道他只明白了一半，因为科技飞速进步，已不是过往老农耕种的经验可以跟得上的，还有籽种的问题、农药化肥的问题、土壤的酸碱结构问题等，都是要科学地来解决了。

所以我不到二十岁，就成为村里公认的庄稼把式。

我不只庄稼种得科学有效，还无师自通地学练木匠手艺，竟然也成为我们那一块地方的木匠把式。

因此上，我要说土地没有亏待我，而我也没有亏待土地。

可是我没来由地在为人做木器时，十里八里地走，不忘在我的木匠挑子上，藏一本两本书，有了空闲，就拿出来翻着读。读就读吧，居然还蠢蠢欲动，照猫画虎地写起了被人称为文学的纸上作业。长此以往地坚持下来，就把自己从乡村写进了城市，到如今，人模狗样儿地出版了数十本文学图书。其中最为我挣分的，别人以为是我获得的这样一个文学奖、那样一个文学奖，有电影有电视剧，但我以为是我在故宫出版社出版的五部关于青铜、碑刻、书法、绘画的图书。

我所以重视这方面的写作，盖因我起小就特别热爱书法绘画。最早的时候，我把我对书法绘画的热爱都倾注在了为人打制的描金箱子和梳妆匣子上；我进城了，不忘原来的爱好，又把我对书法绘画的爱倾注在了纸页上。

现在的我就是这样一种状况，整日里，不是在硬抄笔记本上码字，就是拿着毛笔，在我铺了毡子的书案上，高兴书法时书法，高兴绘画时绘画，把日子打发得有张有弛，倒也惬意快乐。

"伴山书屋"于兴善寺那里开办分店，经理人王计划十分友我，他托了在书法绘画以及写作方面才华俱佳的吴文莉邀请我在揭牌的日子，给他站台说几句话，我答应了。但说些什么话，我没怎么想。到了现场，把书场走了走，到了要我说点儿话的时候，脱口而出的，是《诗经·邶风·击鼓》里的句子："执子之手,与子偕老。"听我这么说,有人的眼睛睁大了。这是因为,如今的婚礼现场,主持人开篇,千篇一律这么说。不过我想说的是,婚礼现场这么说可能有点问题,他们不是《诗经》里的人物,人家是要击鼓出征打仗的,而他们要进入的是婚姻的殿堂,他们是要在自己的洞房里作战吗?哈哈……这是有趣的。我又能怎么说呢?就说我在"伴山书屋"揭牌现场应用这句话的想法吧。我把那个"子"字谐音为"纸",通假来用了。

"执纸之手,与纸偕老。"我希望我能与纸为友,我希望我能与纸偕老,我还希望现场的人,亦能与纸为友,与纸偕老。

我为此发挥了一番,说我们人类社会,土地与纸张是最最重要的。土地是物质的,纸张是精神的,缺一不可,意即人没有了那一口饭便活不成,而没有了那一口气,更是活不成。

物质的土地,是自然的存在,精神的纸张,是人的发明。人活在世上,不是拥抱土地,就是拥抱纸张,无论是谁,都脱不开这样的生命状态。我太幸运了,别人几乎只能选择其一,而我则都遇到了。我年轻时即与土地有缘，成年后又与纸张有缘。与土地有缘时，我是劳力者；与纸张有缘时，我是劳心者。

我乐于劳力，我乐于劳心。我与土地有缘，我与土地为友；我与纸张有缘，我与纸张为友。

2019年1月17日　西安曲江

唾沫花

底坐凤之尾，中连鼓之腹，上开喇叭口，矮矮复壮壮，造型之毓秀端庄，便十分招人喜欢了。不过其名称却是很俗的，叫唾盂，是上辈人传下来的。有资深的文物专家，来我家里见了后说，这件豆青色的唾盂，说不定是宋代官窑的物件呢！对此我不敢苟同，因为我并没有把它当作什么了不起的文物看待，而是视为实用器具，置于我书案旁边，装上掺了沙子的土，在我要吐唾沫的时候，就毫不客气地吐在里边。

我是在寿过六十的日子，把我家传下来的这件唾盂翻出来，让它为我服务了。

豆青色陶瓷唾盂，流传我们家里，也是在我父亲六十岁的时候，来为我父亲服务的。我所以赶在这个时候，翻出唾盂，大有继承父志的意味。作为儿子，我父亲的一些生活习惯,都完整地传给了我。我不能走样,差不多都很认真地继承落实着。譬如我的父亲好酒,我亦好酒;譬如我的父亲嗜面食,我亦嗜面食;再譬如我的父亲六十岁使用唾盂,我又岂能不继承下来?

大概是人老话多,人老了唾沫也多吧,父亲六十岁用起了唾盂,就与唾盂亲密无间,他人到院子里去,随手带着唾盂也去院子里,他有事要到门外去,唾盂也被他带着到门外去……唾盂仿佛父亲须臾不能离身的一个身外器官,他人走到哪里,唾盂就被带到哪里,便是要上炕睡觉休息,父亲也要带着唾盂,把它放在他睡觉休息的炕边,到他口腔里有唾沫的时候,抬身转头过来,把口腔里蓄积的唾沫吐到唾盂里。

这是父亲老了后的一个习惯呢!

一个卫生习惯,这与我们扶风县北乡里的传统是吻合的。"周原膴膴,堇荼如饴",周文明的发祥地呀,自古而然。虽然都是粪土农家,但大家对于个人卫生以及环境卫生,还是非常重视的。我不敢说,我的父亲是一个这样的典型,但绝对可称其中翘楚,就像他有唾沫不乱吐一样。年轻时唾沫少,父亲都坚持往肚子里咽,老了后,唾沫变黏了,父亲有时候咽不下去,须要吐出来,他就用起了唾盂。这实在是个我要效仿的习惯哩。

身教胜于言传。我把家传的唾盂翻出来,也像父亲一样用起来了。

不过,我有记忆,父亲年轻时,他不吐唾沫,要求我们小的们也不能吐唾沫。父亲说了,把唾沫咽下去,咽进肚子里,也是养料。

父亲的说法有道理吗?

当时我并没有听进耳朵里,背过父亲,我常会偷偷地吐几口。有几次父亲发现了,还责骂捶打了我,使我也养成了吞咽唾沫的习惯。我到如今,年过花甲,肠胃一直不错,是要归功于父亲的。我后来读书求学,习修生物知识,知道了唾沫,还真如父亲当年说的一样,有诸种于人健康有益的好处。

通常情况下,唾沫既可以护齿,又可以助消化,还可以消炎抗衰老……中医对此有数千年的总结,以为口腔里分泌出来的唾沫为"津"。"津"与"精"调和,属性为"阴",并于实践中不断升华,就还有了"津血同源"的说法,言之凿凿,以为津液和血液,都源于饮食的精气,能够相互滋生,能够相互作用。津液亏损过多,就会使气血两损;而气血亏损,同样会导致津液不足。

西医的研究，认同了中医的结论，同时还又发现，唾沫也可以外用，有很强的美容作用。方法是：洗净脸后，将自身新生的唾沫，吐在掌心之中，双手搓热，然后均匀地涂抹于面部，再轻轻按摩。每天早晚各一次，一段时间之后，即会使自己的容颜润泽光亮。理论是这么说的，但不知有人实际做了没有。恕我寡闻，还没有听说过，但我记得小的时候，乡村里的媳妇女子，都会用杏仁汁润手润脸。她们把杏仁砸出几粒，投进嘴里嚼烂了，吐出来，先在手心里搓摩，搓摩得发了热，这就涂上脸面，反反复复地揉按拍打，倒也使她们的脸蛋儿细嫩而滋润。

杏仁在嘴里嚼烂被吐出时的稀释物，可不就是自己的唾沫吗？

日本的医学家近年研究发现，唾沫竟然还有防癌抗癌的功效。他们著文说明，唾沫可以消除致癌物所产生的超氧自由基。其在口腔里如此，被吞咽进胃里还可持续三十分钟。

唾沫有那么多的好处，我们又岂能不珍惜？不过，珍惜之余，还要知道唾沫中有些可致病的东西，也是要吐出来的，特别是人到了一定年纪，不吐不快，不吐不舒畅，就只能吐了。但是讲究点儿是应该的，就如我的老父亲，我老了也学习他，用上他用过的唾盂，觉得的确方便。

我用起父亲曾经用过的唾盂，用了一年多了。今年春上，我参加七彩云南的一个笔会，走的时候，把我喝剩的一壶茶倒进了唾盂里，七天后回到家里，发现在茶水茶渣的作用下，唾盂的沙土里，探头探脑地，顶出两根草芽来！

我是倒掉唾盂里的沙土换上新的呢，还是留着生出草芽的旧沙土？心生好奇，我想要看看唾盂里生出的草芽，能长成什么样子来。此后的日子，我有要吐的唾沫，就还往唾盂里吐，我有剩下的凉茶，也还往唾盂里倒。唾沫和凉了的茶水，浇灌着草芽。到我写这篇短文时，草芽都有三寸四寸的样子了，而且左右生枝，前后发芽，把我的唾盂都要占满了。

我没有想到这样的草也会开花。就在今晨，我惊喜地发现，那繁茂的枝条上，呼啦啦绽放出许多小米粒儿般的黄花花，金灿灿的，十分招人。

我不知道这是什么花，要写文章了，就给它起了个名字：唾沫花。

今天的人，似乎总是唾沫多。多了也不知珍惜，有事没事总想吐给别人。这样做，不仅破坏了公共环境，也损害了自己的形象，得不偿失，何必呢？

希望"唾沫花"是个启发。

2016年5月22日　西安曲江

小米雀

啾啾啾……啾啾啾……

窗外的小雀儿叫得那叫一个欢,把我从睡眠中唤醒。我不能漠视小雀儿的啼鸣,从被窝里爬出来,从飘窗上贮米的小罐子里,抓了一把小米,推开玻璃窗,往窗外几个浅浅的小米盒里分。正分着,已有性急的小雀儿,落到我的手掌上,啄食金灿灿的小米粒儿了。

每日清晨,每日傍晚,我都要喂食小雀儿的。

这一日喂食小雀儿的小米,来自陕北榆林我的一位读者,他叫钟国军,是个山村里的"孩子王"。2002年时,我还在西安日报社工作,所属《西安晚报》的《三秦纵横》栏目,于2月7日以头题的形式,刊发了钟国军的一篇通讯。此前,他曾获得教育部和中华慈善总会颁发的首届"烛光奖",接着还获得了陕西省优秀共产党员的荣誉称号。作为报社负责人,我是看了那篇通讯的,时至今日,虽已过去十四年,但是关于钟国军的故事,我没有忘记,很自然地,也就忘不了他这个深山里的"孩子王"。

突然地就收到了他用"百世汇通"寄给我的一件快递,是他用三页稿纸写的一封长信。我要说,他的钢笔字写得真是不错,一笔一画,工整而又劲健,显示他的笔力是不凡的。读着信,我知道原来身有疾患的他,后来又确诊肺部有一定病变,合并生成了慢性支气管炎。拖着病弱的身子,钟国军坚守在偏远山村小学的讲台上,直到2012年年底,实在无法坚持基础教学,这才来到西安,辗转在陕西中医医院、西安交大一附院、唐都医院检查治疗。一年后,亦即2013年10月,在唐都医院的胸外科,对他病变严重的左肺实施了切除手术。目前,他在老家静养休息。

他给我写信,盼望我能送他两本签名著作,以及一两幅书法作品。

读者给我写信索要签名书的,不能说多,也不能说少,只要我手边有书,差不多都会满足索要者。我始终认为,这是读者对我的信任,对我的喜爱,我没有理由不满足读者，何况钟国军，他该是我读者中特殊的一分子。

尽管我与他，从未谋面，也从未通过书信（这次是唯一的一次）。5月9日收到他的快递，5月10日上午，我就依照钟国军信里的要求，签了我手边有的《追梦》和《珍藏的父亲》两本书，并写了两幅四尺的书法条子，去大雁塔北广场的邮电所，给他快递了去。

钟国军是11日收到的，他给我发了短信，感激之情溢于言表，说是对他"病躯的极大慰藉"。果真如此，我也就很感安慰了。再两日，也就是5月13日，他给我又快递来一个包裹，打开来看，是一袋十余斤重的小米。

陕北的小米名扬天下，中国革命的胜利，小米就有不可磨灭的贡献。钟国军的家，在陕北腹地子洲县高坪乡圪焉村，他们那里的小米，更是优质纯粹。我从米袋里抓起一把，黄亮亮的，都如金粒子一样，从指缝往米袋里掉落时，米粒儿的撞击声，铮铮作响，确似金子一般撩人。

我感谢钟国军，这个陕北高原曾经的"孩子王"，此时此刻，在我的眼里，高大而伟岸，他的情志和气质，也如小米粒儿一般，金质灿然，高贵鲜亮。

啾啾啾啾……啾啾啾啾……

窗外的小雀儿，提醒着我，我是不能独享钟国军快递来的小米了。我把从手指缝滑进米袋里的小米，再抓起来，给设在窗外喂食小雀儿的食盒里添了，我没敢添得太满，但还是比平时多了些。在我添过小米后，小雀儿纷飞而来，啄食得那叫一个欢快热烈！这些小雀儿，以麻雀为多，此外还有黄鹂，还有我不知道名字的几种，但最是黑白相间的那一种，虽然不多，却特别招人怜爱，它们总是在麻雀和黄鹂啄食过后，才怯怯地来。再就是一缕蓝一缕紫的小雀儿，似乎比黑白相间的那种还要少，飞来我的窗外，与黑白相间的那种小雀儿一般，在食盒里啄一口米，就要仰起头来，四面八方地各看一眼，下来再在食盒里啄米，它们羞答答的模样，真是太让人怜爱了。

啾啾啾啾……啾啾啾啾……

啄食小米的雀儿呀，你们欢快的啼叫声，在我的耳际突然幻化成一曲动人的陕北民歌《百灵子雀儿》：

百灵子雀儿百灵子窝，
暖暖和和树梢梢。

百灵子雀儿百灵子叫，
快快活活祝福歌。

小米雀啊！那就请你们，用你们的翅膀，把我们的祝福快寄给给我们快递了小米的钟国军吧，祝他健康快乐。

2016年5月21日　西安曲江

诗意

人最理想的追求，莫过于诗意了。

"诗意地栖居"。海德格尔欣赏德国诗人荷尔德林的这句话，所以他在写一篇文章时，开篇即引用了这句话。我理解海德格尔，他引用诗人的一句诗开篇，并不是说，只有诗人才可以诗意地栖居，而是生活在这个地球上的人，都可以诗意地栖居。我由此而想，诗意包含着怎样丰富的内容，既有人的快乐与苦恼，还有人的幸福与不幸，既有人的富裕与贫穷，还有人的智慧与愚顽……诗意因为栖居，囊括了人的一切，是人的一种生活态度，是人的一种生命向度。

早上离家下午回，声音未改皮肤黑。
夫妻相见不相识，笑问黑鬼你找谁。

我的微信群里，有一个"西府乡党"的小群，人不多，区世亨该是活跃的一个。今早起来，我翻看微信，看了有近百条，突然看到他的这首小诗，我乐了起来。我知道他借用的是唐朝诗人贺知章《回乡偶书》的旧韵，但他借用得好，把他被烈日暴晒后的情态书写得委婉有趣、诙谐幽默，太好玩了。

我月初的时候，跟随西安报业传媒集团组织的丝绸之路采风团，从西安出发，穿越甘肃的河西走廊，在新疆转了一大圈，用了十六天时间，经过了气温达到67℃的火焰山，也高攀了气温为0℃的巴音布鲁克草原，一路风尘仆仆地回到家里，我的妻子初见我时的情景，就真的如区世亨诗句描写的那样。妻子接过我的行李，放在一边后，把我拨过来转过去看了一阵，她说了：咋黑得不像了你？

我看到区世亨的诗句所以乐，根源就在这里。我以为区世亨的家庭生活是诗意的，而我的家庭生活该也是诗意的。

我依然翻看着微信，蓦然翻出一篇描写清华大学附小校长窦桂梅的文章，其中有段窦校长写他们家庭生活的文字，就特别地诗意。

身为教育部"中小学教师国家级培训计划"特聘专家,窦校长引用苏步青的一句名言,告诉我们教育界,要注重孩子的语文教育,如果"语文你都不行,别的是学不通的"。

我赞同这句话,这并不是因为我爱好文学,对语文有自己独特的感受,而是我见识了我女儿的读书过程。她语文基础好,数理化和英语就都不差。我女儿现在在英国帝国理工读博,我们每周都会有一次视频聊天,她讲她在英国的留学生活,也询问我们在家里的情况。就在昨天,我与女儿又视频了,也许是我说得太古板,女儿就批评我,说我没有诗意。我回击女儿,说你去英国了,我的诗意漂洋过海,也去了英国;哪一天你回来,我的诗意乘坐在飞机上,腾云驾雾地也会回来。我的回击把女儿逗乐了,所以又来表扬我,说我这不就又诗意了。

诗意在我和女儿之间,就是如此好玩。

那么在清华附小校长窦桂梅家里呢?似乎更好玩。窦校长非常喜欢一首描写蝴蝶的小诗。她在家里给爱人说一件事,怎么说都说不明白,于是她想起这首诗,就给她爱人没头没脑地来了一句:"花是不会飞的蝴蝶。"他爱人一头雾水地回了她一句:"你说什么呢？"她自觉好玩，就把第二句诗又说给了她爱人："蝴蝶是会飞的花。"爱人依然糊里糊涂，让她把诗再说一遍。窦校长这时就更乐了，也不管他听得懂听不懂，便把诗歌的第二段给她爱人说了："蝴蝶是会飞的花，花是不会飞的蝴蝶。"到这时，她爱人愈加不解，神情甚是茫然地看着她，问她："你到底在说什么？"窦校长忍着她已经冲到唇边的笑，把诗歌的最后两句，又说了出来："花是蝴蝶，蝴蝶也是花。"对于这件事，窦校长后来给别人说，她爱人是理工思维，而这就是生活，有时候是没法说清楚的，但有这样一种意象可以感受，也是很有趣的。

窦校长的有趣，大概也就是她的诗意了。

所以说诗意无处不在，就看我们在生活里如何酝酿，在生活里如何应用罢了。这进一步说明，诗意是一个人对待生活的态度和心性，你对待生活，不是那么太古板，不是那么太无趣，克服了这两条人生缺陷后，你如果还有点幽默，还有点谐趣，你的生活，差不多就算是诗意的了。

人们大多错误地认为只有诗人才是诗意的，我不能说这个认知就不对，但往往是，许多自诩为诗人的人，其生活,却少有他们自以为的诗意。我不知这么来说顾城和海子对不对,我读他俩的诗,也认同他俩的诗写得好,一个说"黑夜给了我黑色的眼睛",一个说"面朝大海,春暖花开"。我为他俩的诗句着迷,恨不能自己认识他俩,做他俩诗门的走狗,但他俩的死,断绝了我的念头,甚至庆幸自己未能认识他俩,成为他俩诗门的走狗,如果真是那样,我该是多么痛苦呀!

到写这篇短文时,我才蓦然意识到,顾城和海子,确是我们这个时代的杰出诗人,但他俩少了诗意,所以才把自己的生活弄得那么不堪,那么凄惨。

对照二位,再看古代诗人,发现他们是那么旷达,是那么通灵,是那么透彻,譬如王维,譬如高适,还譬如陆游。王维的山水情结,高适的边塞情怀,每每品读,都有一股温温的诗意和暖暖的诗意,包围我,融化我,让我感受到一种极端诗意的润泽。特别是陆游,活了八十五岁的他,在他生活的那个时代,绝对算个长寿之人。他一生的经历,是缠绵的,也是壮烈的,青梅竹马的意中人唐琬,就因为母亲的唆使,就让他"错错错",又使唐琬"莫莫莫",追悔悲叹,饮恨终身。但陆游不会沉浸在儿女情长的苦悲里,他天生一副救民报国的心肠,"上马击狂胡,下马草军书",直到生命最后时刻,留下一首绝唱,虽然悲观地说"不见九州同",却依然相信会有"北定中原日"。

诗意在陆游身上,是种坚忍不拔的精神,是种乐观不屈的态度,唯如此,也许才称得上诗意,大诗意。

2017年7月28日　留坝汉天宾馆

百岁

同乡中走得近的毋宽奇,为孙女做百天,给我说了,要我在宴会上代表来宾说几句话。我不能推辞,我是必须来说了。但说什么呢?到我被请上主席台,拿过麦克风,才理出了点眉目。当时我想,他儿子儿媳妇大婚,也是我代表来宾讲的话,其时讲了什么,我不能全想起来,但我知道,我一定说了新婚的小夫妻,要恩爱白头,早生贵子的话。于是我顺着这句话,在他们为孙女庆百天的欢宴上说,日子过得真快,荣耀的老毋家,前年子娶娇妻,今岁给孙女庆生,这是人生生不息的一种责任,我们为老毋家祝福,祝福老毋家孙女百岁!

我们关中西府的扶风乡里,给小儿过百天,原始地叫了百岁。

百岁好啊!一日一岁,我相信在座的来宾,都会对新生儿的百岁，有种心悦诚服的认同感。

长命百岁，善良的人们把最美好的祝愿，提前在孩子的百天送达。

这是我随陕西体育新闻工作者协会主席团成员，前往留坝县参加一项自行车越野赛前经历的事。今年初换届的省体育新闻工作者协会，推举我为主席，这次活动，是我们新一届主席团组织的头一场活动。我有我的文学创作计划，本不想去，但职责在身，我抽出时间来，还是跟大家一起去了。

全民健身，是现在提说得特别响亮的一件事。留坝县在全国范围内，是这方面工作做得很有成效的一个县。一个只有四五万人口的山区县，大抓校园足球，出了不少好的足球苗子，其中一位进了国字号十六岁组的队伍，一位进了国字号十四岁组的队伍。这样的成就，不能不让人肃然起敬而开口称道了。他们有个发展规划，把体育与教育、把体育与旅游有机结合在一起，所以就有了多项体育赛事的举办。我们参加的山地自行车定点越野赛，只是众多赛事中的一项，仅此即已吸引了数省市几十支队伍参加。

启动仪式我们主席团成员是要参加的，发令枪响后，参赛选手，无论老，无论少，无论男，无论女，都奋勇地向山路上飞驰而去，而我因为西安还有事情，就告别了主席团的朋友，独自往回返了。

走出留坝县境，来到与之毗连的凤县，在凤县一处名曰长生村的地方，我们弃车向村子里走去。驾车的小司机是个热心人，他常在这条公路线上跑车，熟知这条公路上的一切。往长生村去，就是因为他给我说：吴老师是扶风人，你可知道，长生村现在最长寿的人，可是你们扶风人哩！

正是小司机的这句话，引起了我的兴趣，我要去拜识一下这位老同乡了。

而就在这一刻，我想起了我同乡给孙女做百天（百岁）的事，同时又还回想我们到访了的留坝县，认真全面健身，不正是为了人民群众身体健康，长命百岁嘛。

秦岭山里的长生村，别说是人长生，便是村里的树木，似乎也都长生。一棵一棵的核桃树，一棵一棵的皂角树，还有一棵一棵我们叫不出名字的杂树，在曲曲弯弯、崎岖不平的村路边，这里一棵，那里一棵，差不多都在百岁以上了。最大的一棵核桃树，粗估三个人手拉手也抱不住。树下有位年方十八岁的小姑娘，她利用暑假，在核桃树下支摊子，出售木耳、香菇、蕨菜等山珍。我问了小姑娘，她说她爷爷说了，这棵核桃树三百岁了。我顺着小姑娘的话，问她爷爷的年龄。小姑娘手指一边看着她做生意的老人，让老人说他的年龄。老人耳不聋眼不花，给我说他就是小姑娘的爷爷，他不瞒我们，说他在村子里算年纪小的，都快奔九十岁了。

有一个做工考究的木牌子，就立在核桃树下，我用手机拍了下来。这个木牌上有一张老妇的照片，照片下是老妇的简介，白纸黑字，明明白白地写着老妇一百零二岁。

长生村有多少这样的木牌呢？我没时间数，问别人，也没人说得清，就只看见，远远的这里一个，那里一个，还有好多个。我即顺着木牌的指引，到了同为扶风籍的百岁老人张艺桂的院子里。

张艺桂的耳朵聋了，我说什么，她听不懂，只用眼睛看我的口形，就知道我问了她什么。

她先看我口形，说她一百零四岁了。

她还看我口形，说她是新中国成立前逃难到凤县长生村来的。她的话匣子一打开，就不等我问了，说她娘家在山外的扶风县午井镇，前些日子，午井娘家人来了一大帮子，她叫不出他们的名字，她感受得到他们的亲。他们不该告诉她，说她弟弟过世了。

老人说到这里，眼睛湿了，她抬手去擦，擦着又说了一句话。

老人说：我弟小我十六岁，他可是比我热闹富足哩，咋还就走在了我的前头？

热闹富足不能长寿，而荒僻清寂倒可以长寿。老人没想说明什么，却已说明了一切。

2017年7月29日　凤县长生村

筷子

在秦岭山里割扫帚,绝对是件耗力伤身的霸王活。

冬天的时候,秦岭山里大雪纷飞,所有的绿色,都被掩盖在皑皑白雪之下。然而这个时候,却正是割扫帚的好时机。因为这个时候,虫蛇都已冬眠,被割下来做扫帚的毛竹,也落去了枯叶,这为割扫帚消除了许多危险,也减少了许多负累。我十七岁时,跟着村里人,上太白山割扫帚,脚和腿缠着母亲给我织的毛练。这种羊毛拧成线编织的毛练,缠上后在雪地里行走,一来防滑,二来御寒,三来还能避免被竹茬子戳伤腿脚,实在是件好得不能再好的防护用具。我清楚地记得,在割了多半月扫帚,就要满载胜利成果返回家园的那天傍晚,我们侥幸逮了一只野鸡。生火把野鸡炖出来,到我们香香地分食的时候,不知道是野鸡汤太烫了,还是我们多日来呼吸的都是冷空气，我们割扫帚队伍里带队的那个人，美美吞了一口野鸡汤，往肚里咽的时候，却在喉咙口被挡了出来，他没能把烫烫的野鸡汤吞进肚子。

我们都看见了，他吞进嘴里的野鸡汤，在从嘴角往外流时，他突然坐在地上，打翻了右手端着的汤碗，张着嘴，却说不出话来，只用他腾出来的右手指头，伸进嘴里，痛苦艰难地抠挖……割扫帚队伍里有个年龄大的人，很有经验地看了带队人一眼，就知道他的喉咙里生出血泡来了。如不迅速捅破喉咙里的血泡，带队人就可能被不断涨大的血泡堵住喉咙憋死。

我们年轻，没有这样的经验，看着带队人的情状，很是懵懂不解，乱七八糟地只是围上去扶住他……就在这个时候，年长的那位，把他吃野鸡肉的一根筷子拿到手上，从带队人的嘴里捅进去，一直捅进他的喉咙口，噗地捅破了喉咙口阻挡带队人出气的大血泡。带队人随他筷子的抽出，哇啊哇啊地连吐两口血水，终于恢复了常态。

如果不是与陕西体育新闻工作者协会主席团成员来留坝县参加山地自行车定点越野赛，几十年前的这件事都被我忘光了。

我们来到留坝，头一天晚上用餐时，因为在路上的时间久，大家的肚子都相当空，菜盘子一上来，一圈过去，就见了底。为了一解大家吃相急切的窘态，我给大家说了这件事，并问了大家一句话：我们吃饭用的筷子，为什么叫筷子？大家不解，依然埋头于餐桌上的菜，不停手地使用着筷子。我因此说，筷子嘛，就是一根竹子分成两截，要大家拿在手里，快快地来吃菜咽饭了。我的解释，让在餐桌上大快朵颐的主席团朋友，无不乐得前仰后合，都说可不是吗，我们今天晚上用餐，谁筷子快了谁多吃，谁筷子慢了谁少吃。

我的解释只是我的灵机一动，完全没有史料支持。因为我知道，传说中的筷子的发明者，是神一般的姜子牙，他受神鸟的启示而发明了竹筷。此外还有两说：一说妲己为了讨纣王欢心，而用玉簪做筷；一说大禹治水时，为节约时间，以竹枝捞取热食而始有筷子。

我相信这样的传说，但我也相信我的灵机一动。因为我百度后发现，20世纪二三十年代，上海租界的洋人，在翻译"筷子"时，就译成了"快快的棍子"。这个翻译，与我的灵机一动不谋而合。

这是中国人的智慧哩。用餐时使用筷子的方法，远古时候，就快快地传遍了朝鲜半岛、日本、越南及东南亚与中国邻近的许多国家和地区。筷子与刀叉，不知可不可以这样说，很鲜明很突出地成了东西方文明的分野。为此我甚至想说，简约的筷子，比起繁杂的刀叉，在某种程度上似乎又有其不可忽视的优越性。

好了，我不想在这里分辨东西方文明孰优孰劣。我只想在文末，说说我们关中西府关于使用筷子的一些讲究，有怎样的妙趣。

小时候练习捉筷子吃饭，有的孩子一开始把筷子捉得特别低，就说这个孩子恋家，还说这个孩子媳妇娶得近，或者嫁人嫁得近；有的孩子一开始把筷子捉得特别高，就说这个孩子志向高，离家遥远，媳妇娶得远，或嫁人嫁得远。这种说法有没有道理呢，我不知道，但我听老母亲说过，我小时候学着捉筷子吃饭，就把筷子捉得高，这不，长成人后，离家就比我哥哥姐姐们远，我娶妻时，也娶得远。

我的女儿吴辰旸，继承了我小时候吃饭筷子捉得高的习惯，而她比我当年离家还要远，本科在上海读，硕士在美国读，博士在英国读。至于她以后成家，我可以肯定，也会嫁得远。

           2017年7月30日 西安曲江

杂食

村里立有一通碑记,不是很大,却方方正正,镶嵌在村中央原来的祠堂的外墙上。"文革"时期破"四旧",本来是要砸了的,危急时刻,有人和了一堆泥,拌进寸长的麦草,把碑记完全涂抹在墙壁里,保护了碑记未被砸毁。

前些日子回故乡,我在县里的一位表兄弟给我说了这件事。我便催他驾车载我去那个村子,看了今日除去泥皮,又鲜亮于人们眼前的那通碑记。

我仔细地看了,知道碑记记录了村里的一位妇人,于民国十八年(1929)大饥馑时,嫁进村里,三日刚过,她的公公和丈夫留下些谷子和糜子,以及她和她的婆婆,就都出门逃荒去了。逃了两年回来,但见是为儿媳的妇人,养得红光满面,神采飞扬,而她的婆婆则骨瘦如柴,面黄肌瘦……久别回家的丈夫,一路想他新婚后被留在家里的新娘,他们见面了,该是怎样地甜蜜。然而,事情不是他想的那般如意。他看看细皮嫩肉的媳妇,再看看蜡黄干瘪的老娘,不由得怒从心头起,没有问原因,没有说道理,抬手就是一巴掌,狠狠地抽在了媳妇的脸上,把媳妇打得趴在了地上。抬起脚还要踢的时候,老娘飞身过去,抱住了儿子的腿,质问她的儿子:好好地回到家里,不分青红皂白打你媳妇是何道理?

儿子这时才气愤地问了,说:留在家里的谷子呢?

媳妇脸肿得张不开口,老娘回答了,说:碾出来吃了。

儿子依然怒气冲冲地问:留在家里的糜子呢?

媳妇还是张不开口,仍旧是老娘回答:碾出来吃了。

儿子没有因为他的质问和老娘的回答消去怒气,像是洞悉了全部原委般质问还趴在他脚边的媳妇,说:咱娘说得明白,家里的谷子、糜子碾出来吃了,你给我说是怎么吃的?咋把你吃得细白细白,把咱娘吃得枯黑干瘦?

儿子自觉抓住了问题的本质,就毫不留情地揭露媳妇。

儿子问他媳妇:你得是吃稠的?

儿子问他媳妇：我娘得是吃稀的？

儿子要他媳妇说，他媳妇说不出来，倒是枯黑干瘦的老娘，站出来为儿媳妇伸张正义了。儿子久别回家，不分青红皂白打了她儿媳，她赶在这个时候，抬起手来，一巴掌抽在儿子的脸上。

老娘斥骂儿子混账，空口无凭胡说话，可不能冤枉了她的好儿媳。

老娘说：留在家的那点谷子和糜子，能够我娘俩吃几天？你个没良心的，出门逃荒两年多，你知道我和你媳妇是怎么过活这七百来日的吗？你媳妇把谷子碾成米，把糜子碾成米，熬了稀饭，她就没吃过一粒米，都给我一个人吃了。你知道她吃啥吗？我告诉你，就只撇点稀饭顶上的清汤，拌着她割回来的野菜、扯回家的树皮树叶充饥。我是把我儿媳亏欠了，你个不懂事的莽子，你打你媳妇？你来打你老娘好了！

这是怎么回事呢？喝米汤、吃野菜的儿媳把自己养得细白，而吃稠米粥的老娘却把自己吃得枯黑。不仅儿子想不通，老娘说自己也没想通，便是细白的儿媳有老娘给她辩护，但事实如此，她也想不通……这件事，东传西传，传进附近镇子上一位老中医的耳朵，他捻须微笑地说了。

老中医说：这还不好理解，米粥只是粥，米汤里可有熬出来的米油哩。

真相大白之日，他们村里几位管事的人，在祠堂里烟锅对着烟锅商量而定，把这位好儿媳的故事编写成文，着人勒石，刻出来镶在了祠堂的墙上。

勒石刻碑的目的是明确的，就是表彰村里守节至孝的典范，从而树立起好的村俗、好的村风。不用问，这样的目的是一定达到了，因为我在阅读这通小小的碑记时，还看见这通碑记的两旁，有他们村选出来的好媳妇的照片和事迹，装了镜框，挂在墙上。

我十分赞赏这样的人和事，但我在此文中，不想过多地来说这样的事，而是想借着这个过去的事情，来说杂食的。谷子、糜子，都属于杂食，在饥荒之年，于他们那个村子和那个家庭，闹出了那样一件事，足可以证明，杂食于我们的日常生活，是不可缺少的，甚至还应该给以足够的重视。

现在，大家都想要吃得精，吃得细。精细的食物吃得多了，舌尖真的十分受用，可自己的身体受得了吗？不只我自己，许多朋友，不是血压高，就是血脂、血糖高。中午在我居住的曲江新区翠竹园小区外的安塞地椒羊肉馆聚餐，九个人，七个高血糖，还有附加高血压、高血脂的，点菜时，无不表示点素点儿，点杂点儿。

我因为"三高"，就把这家开业三年的陕北餐馆当成了我家的厨房。这里的菜特别杂，这里的主食也特别杂，陕北乡村出产的荞麦、莜麦、豌豆、黑豆、杏仁、地椒……全都上了他家的菜单，这是他们杂的一方面，还有另一方面，仅只一种荞麦，他们就能做出饸饹、抿节、杂面和剁荞面等许多种。我坚持吃了这些年，使我的"三高"不仅得到了有效控制，而且还有逐步向好的趋势。

饮食上注意食杂，有益于自己的身体健康，便是我们精神上，也是食用得杂点儿好。

这个"杂"包括生活学习等各个方面。

2017年8月31日　西安曲江

拉扯

想来没人相信,我们可都是父亲从他身上搓下来的一疙瘩垢痂。

但我不管别人信与不信,总之我是相信的,相信我的生命,最初就是父亲从他身上搓下来的一小疙瘩垢痂。这是因为,我听到父亲说得最多的一句话,就是拉扯我们兄弟姐妹,不出几身汗是不成的。

这也就是说,养活一个人是不容易的,而更进一步,养成一个人就更不容易了。

所有的不容易,最具体的表现都在"拉"和"扯"两个字上。幼时生活在乡村,总听做了父母的人,或是满腹辛酸,或是志得意满,说他或她,养儿育女的感受和体会,都不免地要用上"拉扯"这两个字。

连拉带扯,我们回头来想,的确都是父母既用了劲，又用了心，拉扯长大的。我不知道别人是何印象，在我初听我父母说起"拉扯"这两个字时，心情是不愉快的，觉得我的成长，难道那么被动吗？没有父亲的拉，没有母亲的扯，我就不成长，不进步似的。听多了父母说这两个字，慢慢地从不愉快，还过渡到了反感。因为反感，本可以自觉地来做一件事，却故意耍赖，甚至抵抗，非得父母拉扯着，如不然，便一步不前，一步不进。

我们兄弟姐妹七人，我排行老小。父亲因为拉扯我们成长，要供吃供喝供读书，把他自己拉扯得疲惫不堪，早早地扔下我们去了；而我母亲，则以她农村妇女单薄的力量，继续拉扯着我们兄弟姐妹，直至我们成家立业，她把自己也拉扯得寻找我父亲去了。

从此我再听不见父母言说"拉扯"这两个字了。

开始听不见，倒也觉得耳根清净，十分受用，时间长了，自己却又不自觉地继承了父母的这句话。把"拉扯"说给自己的子女时，突然地觉悟过来，"拉扯"二字，几乎可与"父母"二字等同视之。父和母只是一个习惯性的称呼，而拉与扯，则外化成了劳动，日复一日、年复一年的劳动，受累操心，不付出身体的劳动不行，不付出心的劳动更不行。

往往是，使出的心劲，眼睛看不见，而心发出的力，常常比身体发出的大得多。

我这么来想问题，觉悟我当初听到父母说"拉扯"，而我死皮赖脸故意要父母"拉扯"，是一种撒娇。

真的不能排除有此心理。我与朋友闲扯，朋友说起他父母生前给他做的吃食，不外乎面条、稀饭、蒸馍、锅盔，再咸菜什么的，都没有他如今入口的食物丰富优质、稀罕少见。各种各样的海鲜，各种各样的山货，有姓有名的大厨，有姓有名的高档酒楼，朋友想吃不想吃，隔三岔五地，都要自己请人，或别人请他地吃喝一场。而他却几次见到我，说起自己的喜好，不假思索，脱口而出，就是父亲"拉扯"他时，做给他的家常便饭好。

说者无意，听者有心。就在昨晚，我们吃罢饭后散步，他又说起了父母做的饭，而我不合时宜地问了他一句。

我问朋友：得是吃不上父母做的饭了？

朋友在夜里睁大眼睛看我。

我向朋友承认：我也吃不上父母做的饭了。

人就是这么不可救药。我向朋友承认我们共同面对的事实后，老实不客气地还给朋友说，在我吃得上父母做的饭时，我从未觉得父母做的饭有多么特别、多么香，甚至好多次，在父母询问我想吃什么饭时，还开口呛了父母，说他们能做什么，面条稀饭，稀饭面条，蒸馍锅盔，锅盔蒸馍，盐醋咸菜，咸菜盐醋……我对父母的质问，使得父母手足无措，羞愧难当。我不能确定朋友是否和我一样，也那么不知好歹地呛过父母，但在我坦白了我的过往后，朋友也老实说他脸红了，他像我一样，也那么呛过父母。

父母给我和朋友留在舌尖上的记忆，大大改变了我们的心情。父母的味道，只有享受不到时，才觉得珍贵难忘。

"拉扯"也是一样。父母把我们拉扯大了，不能用力用心地拉扯我们了，我们才怀念父母拉扯的日子是多么幸福快乐，哪怕因为父母拉扯我们，给我们以责备，给我们以惩罚，也特别地留恋和不舍。

我想念父母的拉扯。被父母拉扯大了，娶了妻，生了子，也以父亲的姿态拉扯自己的子女了，我更感到了拉扯的不易。不仅要用上全身的力，更要用上全部的心，非如此，不足以尽到一个父亲的责任。

母亲也一样，似乎在拉扯子女成长的过程中，比父亲用的力、用的心，还要大。

父母拉扯子女，子女成人了呢？

角色在变换，子女也是要负责拉扯父母呢。

2017年12月4日　延川宾馆

亲人

2014年出访台湾，中国作协领导把采风的十几位作家召集在一起开会，给了我一个任务，让我做了出访团的团长。我深知血浓于水的同胞情谊，但也深知两岸有一定的文化差异，踏上台湾岛后，是要时刻注意的，绝不能因为言语上的失误而弄出什么麻烦来。我担心着，却也欣喜着，发现接待我们的人或团体，全都心向祖国，言语间无不希望祖国早日统一。然而有趣的是，他们其中一些喜欢较真的文化人，对我们的简化字不甚认同。

抗日英雄丘逢甲的一位遗属，在与我们座谈时就说了一长串关于简化字的问题，其中提及的两个字让我听后很有感触。像我们简化后的"爱"字，是少了中间的那个"心"字的，她说人没了心还怎么爱。接着又说了简化后的"亲"字,少了旁边的那个"见"字,亲不见面还叫亲吗?我被说感动了,笑着给她说:你不觉得简化后的汉字写起来方便吗?谁知她是个较真的人,根本不买我的账,坚持她自己的说法:我们爱一个人是一定要用心爱的,如果是亲爱的人就还要经常见面,见面多了才更亲呢。

技术性地看待简化字,我是要举手拥护的,而感性地看待简化字,还真是值得商榷的呢。

亲人之间相亲相爱,不见面又如何相亲,如何相爱?虽然诗人秦观在《鹊桥仙》里浪漫地抒写:"两情若是久长时,又岂在朝朝暮暮",但并不是说有情人就不见面,而是不在于一时半会儿的分离,其理想的追求也是相亲相爱的两人相见,正如他在同一首词里说的,"金风玉露一相逢,便胜却人间无数"。

这就对了。"纤云弄巧",织女善于纺织,把满天的云彩都织成了锦缎,但"飞星传恨",因为与牛郎久别。迢迢银河相隔的织女、牛郎,在离恨中向往的,总是一年一度难得的相见。

然而,传统观念所推崇的,却是"亲人要生,生人要熟,熟人要亲"。为什么呢?我没法一句话说明白,只能说我起小生活在父母身边，很有点儿乡绅味道的老父亲，不厌其烦地告诫我，"是亲三分客"，让我对待亲人，一定要懂得客套。

当时我并不认为父亲说的就对，但经过许多年的成长和积累，给我说了这句话的父亲，已经作古，我才多少领悟到他这句话的真理性意义。

礼貌该是这一真理性意义的核心。

譬如亲密无间、如胶似漆的夫妻，传统的经验告诉我们，也不能无话不说，而是要有选择地说才好。当然，相互理解就更加美好。《后汉书·梁鸿传》所记载的"举案齐眉"，就是最好的证明。东汉时，梁鸿娶妻孟光，不论梁鸿有才无才，不论孟光是丑是美，夫妻俩生活在一起，就很模范地遵守着相敬如宾的亲人之规，孟光做好了饭菜端给梁鸿食用时，一定要把托盘举得与她的眉毛一般高。

这样的客套今天还会有吗？

肯定极少有了，所以问题也就来了。譬如五花八门的婚姻纷至沓来，让人眼花缭乱，目不暇接，很多过不了几天就散伙离婚，家不是家了，爱不是爱了，婚姻生活变得那么脆弱，无风无雨的就什么都没有了。

恩与爱的交织有了冲突，常常是激烈的、绝情的，夫妻甚至连路人都不如，矛盾无法调和。

我初到西安时租住在一处几十户人家共用一个水龙头的大杂院。星期天的时候最热闹，住在大杂院的老人家里都有子女回来，但有两户老人就没有这么幸运……我在水龙头前淘米洗菜，听出了那两户老人的问题，他们不是没有子女，而是子女不回来罢了。

子女不回来的原因，说出来让人难以置信，就是那两户老人太亲他们的子女了。

怎么个亲法呢？说起来也是让人难以置信。儿女小时候是大杂院里最跋扈的人，一点小亏都不吃，没人敢招惹。小东西们在大杂院横冲直撞，做父母的不去约束，还用一种欣赏的眼光鼓励儿女。有邻居好心劝说他们，话才出口，还没怎么说，就被他们怒怼了回去……结果两家儿女在大杂院里打架争霸，两家父母不出面规劝，这便引发了一场流血冲突。两家各有出头闹事的儿女，最后被公安局绳捆索拿，送进了监狱。而未进监狱的儿女，也不再在大杂院里逞能了，各自回家里，与各自的父母较量起来。他们说给父母的话，我都不好意思在文章里复述。

"亲人要生",他们两家是真的生了呢。但不该这样生,而应该生出有礼有节、长幼有序的亲才好啊!

2018年5月2日　西安曲江

熟人

怎么才是熟人呢？

不同于亲人，不同于朋友，不同于近邻，不同于同事，还叫不出人家的名字，见了面却要点头的人，大概是可以称作熟人的。

谁没有自己的熟人呢，熟人在关键的时候，可能比自己的亲人、朋友、近邻、同事还要感动人哩！熟人不太可能与自己产生过深的交集、过深的往来，而亲人、朋友、近邻、同事就不同了，因为亲，因为近，各种各样的交集、各种各样的往来，是都要发生的，而且会一次一次发生，所以就可能产生矛盾，出现问题。譬如闺蜜，女人之间，好得不能再好的关系，大概就是闺蜜了。闺蜜间是无话不说的，她们亲密得没了界限，没了隐私，没了秘密，仿佛一个人似的，可是小小的一点风波，甚至是一句半句的闲话，顷刻之间，就能使闺蜜成仇人，想要调和都调和不成了。

何以如此？别说我说不清楚，哪怕把孔圣人请出来，让最能说道理的他老人家来说，可能也难说清楚哩！

我就经常听人给我说，说他不想再理某一个人了。

这么给我说话的人，肯定是我的熟人，不然他不可能给我这么说；而他所说不想再理的某个人，肯定也是我的熟人，不然他也不可能说给我……回想我几十年的人生经历，听到过多少这样的话呢？我没法记忆清楚，就说最近的一次吧。受邀参加文学采风活动，作家诗人什么的，天南海北地走到一起，怎么说都是一种缘分。见面了，有认识的，有不认识的，但这没什么大碍，都在江湖上混，一场酒喝下来，就都熟了。特别是其中的两位女士，黏得最紧密了，出出进进在一起，没两天，衣服都开始换着穿了。

可几日后，即将分手时，她们其中的一位先给我叽咕了另一位，另一位也没藏住，也给我叽咕了那一位。两位叽叽咕咕的话，像商量了一样，都说那人怎么那样呀！我是不想再理她了。

都是圈子里的人，后来发生的一些事证明，她俩真的是一个不理一个了。我最近主持的一个采风活动，把她俩都列进了名单，去与她俩沟通时，她们不约而同地都提出了一个问题，问对方去不去，如果去，自己就不去了。我如实告诉了她俩，结果俩人都客气地借口另有安排，缺席了采风活动。

我本家门中，有堂姐堂妹两人，小时玩跳绳、玩跳房、翻花绳，不仅总是玩在一起，而且还总是睡在一起，上学下学、做作业，又都在一起。别人不敢说她俩中的一个，说了，被说的倒没怎么样，而另一个是不能答应的，撒泼耍横，一定要为那一个出面挡枪……在我的记忆里，我就被她俩联手修理过好几次，哪怕她们失理，而我理由天大，也奈何不了她俩。

堂姐堂妹好得像一个人。

她俩长到要出嫁了，堂姐经人介绍，认识了一个现役军人。堂妹依样画葫芦，在现役军人的帮助下，如愿以偿，也认识了一个现役军人……出嫁的日子，堂姐堂妹一对从小好到大的闺蜜，与两位现役军人，去县城的照相馆，各自照了相后，两对子四个人还一起照了张合照。接下来缝制结婚的婚衣，红色的条绒上衣，黑色的条绒裤子，都是从一块布料上扯下来，交给同一个裁缝制作……如今是，堂姐堂妹都一把年纪了，因为儿女的关系，又都搬离故里，去了城里帮助儿女带孩子。

这太正常不过了，谁都不能不老，老了抱孙子，抱在怀里的是满满的幸福，还有期望着的未来……堂姐堂妹天意使然，离开故里，进城来抱孙子，又幸运地在同一个城市里。她俩不像在自己的故里，虽然亲密，也还有两人之外各自的交往，进了城，各自的交往留在遥远的故里，城里只有好了一辈辈的两个人，因此来往就更密切了……可是不知什么原因，竟忽然断了来往，来往断了，言语也就断了。他们的儿女不知其故，还想以晚辈的身份，劝导俩人，但所有的劝导却像说给了石头，一点作用都没有。

晚辈中一个侄子结婚，堂姐堂妹自己断了往来，断了言语，但对自己的侄子，却是断不了的。俩人都来了，而且坐在了同一张餐桌上，依然别扭得让人难受。她俩互不言语，便是各自的脸面，也要拧开来，是怕俩人的目光，碰在一起吧……我看不下去了，想要劝导她俩，可我说给她俩的话，比说给石头还凄惨，简直可说是说给了空气，被空气悄悄稀释掉了。

她俩这是何苦来哉？不做闺蜜，难道连熟人都做不成了吗？

熟人要亲。在提笔写这篇短文前，出小区买菜，径直去了那个我常去的菜摊。我不知摊主的姓名，更不知摊主的籍贯，但我们是熟人，他见我来，是一定要招呼我的，而他也熟悉我买菜的习惯，几乎不用我动手，豇豆、茄子、青菜的，帮我挑着水灵灵的那一些，装袋子里称好，递到我的手上。

我相信他，是又给我多装了些菜。

2018年5月4日　西安曲江

数字里的人生

《谢谢了,我的家》是央视一档受人瞩目的关于家庭文化传承的节目,主持人敬一丹亦是受人敬重的资深主持人。敬一丹在一期节目里,说了自己亲身经历的一件事,说她一次出差,完成任务返程购买飞机票时,拿出身份证在一张申购表上抄录她的身份证号码,突然听到有人在旁提醒她:"身份证号码应该记下来。"她回头看,发现提醒她的人是作家叶永烈。

叶永烈的提醒是对的,参与了六版《十万个为什么》编撰的他,不只是提醒了敬一丹,通过敬一丹在央视节目中的述说,就应该是提醒观看节目的每一个人了。

我们作为一个合法国民,都有自己专属的身份证。能证明自己身份的身份证,核心部分,就是为每一个人编写的独属于自己的那一串数字了。这与我们的姓名一样,是我们的另一个名称,甚至是比姓名还要重要的名称。因为姓名可能重名重姓,甚至还不只是一人两人的重名重姓,而可能是十位百位以上的重名重姓,而身份证号则不会重复,绝对是自己一个人所独享的。

我们的出生日期,就包含在那一串数字里。

数字里的人生,我们每一个人,愿意不愿意,承认不承认,都必须老实接受,特别是自己的生日,是要踏实牢记的。因为自己的生日,即是母亲的受难日,我们没有理由,也没有借口,不认真记住母亲的受难日。

"人生人,吓死人!"流传在民间社会里的这句话,最能说明问题了。生活在乡村的时候,知道一个母亲的分娩,不像现在,有专门的妇产医院,先按时在妇产医院检查,了解胎儿在母亲肚子里的发育情况,到了要生产的时候,住进妇产医院的产房里,有专业的医护人员,根据产妇的实际情况,制定相应的助产措施,基本都能做到优生。那个时候的乡村社会,就没有这样的条件了,因陋就简,从打麦场扯回一背篓的麦草,铺在炕根下,就凭产妇自己挣扎了。能够帮助产妇的,是邻里有此经验的大娘或大婶,也就是乡村里被称为"接生婆"的人。她们是极受人敬重的,接生后,都会收到一份红纸包封的礼物,而且在新生儿满月和过岁的日子,也要被高请到家里,坐在最受人瞩目的上席位置,接受新生儿的道谢。

我母亲在我们村里,自觉不自觉地承担了许多年的接生重任。

我母亲年老了,她过生日的日子,一拨一拨地来人,给我母亲庆贺。我母亲把给她庆生的人的名字记得不怎么准确,可说起他们出生时的情况,却记忆清晰。对着来人,说某某还算懂事听话,某年某月某日从娘胎里出来时,没怎么折腾他娘,但也没让他娘好受。又说某某就很过分,太不懂事,太不听话,让她娘可是受了大难了……我娘没有说她在村里接生,遇到过的那些棘手的事,横生的孩子使他娘难产,严重的不是要了小儿的命,就是要了老娘的命,更有甚者,娘和孩儿的命都要了呢!

在我母亲的生日里,我母亲给来向她祝寿的村里人,说得最多的一句话是:你娃娃不要嫌我唠叨,你娃娃的生日,就是你娘的受难日,你娃娃可不敢忘了改了。

我母亲的这些唠叨,是振聋发聩的,我不知别人是怎么认识的,记住了没有,我是牢牢记住了。在我参加工作一年后,组织上核查档案,给所有干部确定年龄,发现最早的档案记录的我的年龄是以农历计算,就要给我改一改。因我的生日在农历腊月二十六,改换成阳历,便能跨过年度,对我有一些益处,征求我的意见,我婉言拒绝了。

我是这么拒绝的:我听我娘的话,我娘说我生在那天,就是那天,农历也好,阳历也罢,就我娘说的那样了。

这个日期,是我生命中最重要的一串数字,我没有改的道理。但现实生活里,改年龄的现象太普遍了。

昨天夜里,与几位当年玩尿泥,小学、中学一起读书长大的同学,在一块儿吃饭。论起年龄来,竟全都比我小。这让我端着酒喝不下去了,因为我知道,他们几位可是都比我年长哩,最长者要大我三岁以上,偏偏是他,如今却比我年幼了三岁。

我突然地心疼了起来,放下酒杯,给他们老实说我心疼,并决然地站起来,离席而去。回到家里,面对我母亲的遗像,我心疼得似要流血……我是这样想的:能改自己生日的人,他还有什么不能改?

改了自己生日的人,我还能相信他,与他为友吗?

我矛盾极了,我无话可说。

2018年4月9日　西安曲江

退休

"给自己留些时间。"

年逾六十岁的时候,像有神灵趴在我的耳朵边给我说了这样一句话。想想人之一生,把自己的时间都给谁了,读书学习,求职工作,恋爱结婚,生儿育女……哪儿是个头呢?制度规定,除了极少数承担大责任的人,还能在岗位上干几年,绝大多数到了六十岁,愿意不愿意,都必须退休。退休失去了岗位的人,绝大多数身轻心空,抬起脚,踏不到地上,特别地慌乱,特别地无助。

我能例外吗?

也是组织关爱我,没让我在六十岁时退休,延后到了六十三岁,我想我是要退休了,全身心做着退休的准备,却还没能退休,直到我六十五岁,才幸福地收到了办理退休手续的通知。我为此而开心,还感谢给我传达此消息的人，以为，那是神灵传达给我的福音。

我有自己的时间了！

从此可以不必为上班下班发愁，可以不必看他人的眉高眼低，可以不必听他人的指示言论，可以不必照顾人与人之间的白眼红眼……我退休了，时间留给了我自己，我可以躺在床上，想起了起，不想起了不起，想做梦了做，不想做梦了不做，甚至不想出门了，就自得其乐在家里打转转，想出门去，就走出去，这里转转那里看看……我在获知退休福音后，第一时间告诉了陪伴我几十年的夫人，给她说真想你也退休了，我们一起安排自己的时间，去我去过的一些地方，大城市也好，小地方也好，特别是小地方，在我的记忆里，有许多地方让我牵挂，让我想要与我的夫人一起到那里去发呆。

是，发呆。如我去过的万峰林，位于贵州兴义东南，恰如其所拥有的名字一样，真的是万峰耸立，直挺挺像从地里长出来一般，苍翠优美，一处一处的农舍也是未经现代化浸染的旧模样，还有稻田，绿汪汪泼了油似的稻田，还有油菜地，杂在稻田里黄灿灿染了金似的油菜地……炊烟袅袅如雾似纱，这里一团，那里一片，让在山腰上沿路绕行的人不用举目，只是自然地垂下眼来,即可看见从炊烟里走出来的水牛,还有骑在水牛背上的儿童以及跟随在水牛旁边啼鸣的鸡犬……我当时游走在那里,脑际浮现出一个词是"如诗如画",一个场景是"世外桃源"。我去的那天,就真的一屁股坐在了半山腰上,放眼四望,心无旁骛地发了半天呆。

美不可言的桃花源是陶渊明诗意虚构的一处人间仙境,而万峰林则是自然存在的,是愿意来这里发呆的都能来的一处世间幽境。

退休的喜讯,通过手机传入我的耳朵,我即兴奋地想到了万峰林,此外还有储存在脑际的另外一些地方,譬如云南的建水、山西的平顺、黑龙江的五大连池……我漫无边际地想,是有太多太多地方想要陪着我的夫人一起去呢。

我把我的想法告诉了我的夫人,她欣赏我的想象,只不过她离退休还有五六个年头,就笑着安慰我,说我退休了好,可以做自己的事了。说着又还带着些戏谑的口吻,说我都退休了,可不能留下什么遗憾,她可以放手,让我毫无顾忌地疯也行,浪也行,她睁只眼闭只眼,都无所谓了。

夫人的话,我听明白了。她并不欲我退休了就放纵自己,而还应有所收敛,同时更不能失去了方向,失去了目标，找不见自己。

听夫人的话，是我长久遵守的一条纪律，我也常给朋友们说"怕老婆、听老婆话是一种美德"。现在我是身体退休了，但我的心能退休吗？显然不能，所以我还得听夫人的，来认真规划自己的退休生活了……毛笔、钢笔、中性笔，我手里拿着的这些形形色色的笔，并没有因为我退休而退了去吧？想到这里，我笑了，真真正正开心地笑了。

没人可以超脱地面对退休不心慌，不心乱，我也一样。嘴上脸上的开心，都是表现给夫人看的，我不想她因为我的退休，跟着我一起心慌、心乱，但智慧的她用戏谑的一句话，把我包藏着的心慌、心乱一下子治愈了。

我手里的笔绝对不会退休下来，还将坚守在我的手里，与我生死相依，成就我新的艺术与文字……还有我的情怀，也不会退休下来，我有了留给我的时间，不仅可以放浪山水间，与家人一起快活，还可以放纵朋友中，与趣味相投的人诗酒歌乐。

我别无选择，我要把留给我的时间用好。

2018年4月23日　西安曲江

相像

"幸福的家庭都是相同的,不幸的家庭各有各的不幸。"托尔斯泰写在《安娜·卡列尼娜》一书开头的话,世界性地揭示了家庭生活的基本形态。然而,这样的论断也太笼统了,应还有一些更细微的因素,起着不可忽视的作用。

譬如相貌。

人的相貌,在婚姻生活里是一定不能忽视的。我有这样的观察,也有这样的总结,既浅显又深刻地阐释了这一问题。凡是婚姻生活里的男和女,开始的时候,可能相貌不会特别相像,但走在一起,成了夫妻,便在油盐酱醋的家庭生活里,无端地往一块儿长,你向我的方向长,我向你的方向长,长着长着如同兄妹或是姐弟一样了。对这样的变化趋势,民间有个经典的总结,即所谓"夫妻相"。有夫妻相的一对，可能也会闹矛盾，可能也会争吵，但我们大可以放心，他们的婚姻家庭是牢固的，非常地牢固，哪怕高举一把寒光闪闪的大刀，也休想把他们分开……与此相反，有那么一些人，虽然名义上是夫妻，虽然法律上是夫妻，可他们的相貌不相像，开始的时候不像，在油盐酱醋的婚姻生活里，也不往一块儿长，不仅不往一块儿长，还一天天地越长越不相像。这就麻烦了。他们可能不争不吵，不闹矛盾，他们甚至客客气气，甚至相敬如宾，但突然地就不进一家门了，扯上一纸离婚书，各奔东西，把他们的亲人朋友急得，真想取一根绳子，把他俩绑在一起。可是绳子一点办法也没有，怎么绑都绑不住一对越过越生分的夫妻。

相貌在人的婚姻生活里，就是如此奇妙，如此没理可讲。

搬家到曲江翠竹园小区前，我住在南二环的省委东小区家属院，我家楼上的那一户人家，就特别能吵，特别能闹。常常是夜静人寂的半夜，夫妻俩会突然地吵闹起来，把与他们家相邻的人家都吵醒来。

他们的吵，他们的闹，可不是大家可以想见的，亦即民谣说的那样："天上下雨地下流，夫妻吵架不记仇。"他俩不是,吵闹起来,动静之大,几乎不可想象,吵着吵着还会动起手来。我那时在西安日报社工作,上夜班的日子,回小区家里来,差不多都在夜里两点左右,所以我亲眼见识过他们夫妻的几次吵闹:男的光着身子,女的也只有一条遮羞的短裤,你手里拿的是拖把,他手里拿的是扫把,从他们家里吵闹出来,你挥舞拖把,他挥舞扫把,吵闹着穿越楼道,到了楼梯旁还不收手,继续地吵闹追打……我们的邻居,当然包括我,曾经在他俩吵闹得不可开交时,出门来劝说过他们,然而什么作用也没有,不仅没有,而且还可能使他俩吵闹得更凶更来劲。见识了这样的情况,我们邻居就都懒得劝说他们了。但是背过他们的议论是有的,归纳起来,就只一个结论:他们一对子,怕是过不到一块儿了。

我认同大家的议论,特别是我下了夜班,见识了他们夫妻在楼道和楼梯上的那一种情况,就更坚信大家的议论了。

大家在议论着他们夫妻时,自然也躲着他们。我也一样,可在一个晚上,下夜班的我看见他们夫妻那样一阵吵闹,还是不能忍地劝说了他们。回想起来,我劝说他俩的措辞与口气,都不怎么好,但却奇迹般地劝住了他们。此后不久,我们家有了曲江的住房,就逃也似的避开吵闹得很不像话的他们,住进了新的环境。为此我是庆幸的,并坚定地认为,没有谁愿意和爱吵闹的人家做邻居。然而就在我们搬离后没几年,竟还收到他们夫妻的一份请柬,邀请我们老邻居,参加他们夫妻二十年瓷婚纪念。这让接到请柬的我好不困惑,大家议论他们夫妻无法在一块儿过,可怎么吵吵闹闹地过了二十年?二十年了,还要大张旗鼓地搞瓷婚纪念?

想不明白,想不明白。

糊涂着的我和家人如约参加了他们夫妻的瓷婚纪念活动。活动中,过去总是吵闹的夫妻俩,明显是恩爱夫妻,双双盛装,到他们请来的客人面前,一边敬酒,一边说着感激的话。他们敬到我跟前时,我说了一句话。

我说:你看你俩,越长越像,让人怀疑你们是亲亲的血亲兄妹哩!

他俩没有见怪,异口同声地回答了我:不是一家人,不进一家门。

我同意他俩的说法。吃罢了酒,回家与妻子说起来,居然有点羡慕起他们夫妻了呢。在这样的氛围中,我多看了妻子一阵子,发现她也是,结婚时倒不怎么像我,现在可是越来越像我了。我把我的发现告诉妻子,她反驳我:谁愿意像你?你到镜子前照照,是你长得像我了。我听话地照了镜子,发现妻子的话不无道理,我是很像她了呢。

妻子为此而骄傲,说:你像我就好了,像我好看,像你难看。

夫妻间斗斗嘴,倒是很快活哩。

我们斗着,就又说起那对夫妻瓷婚纪念活动上的事。是妻子先说起的,她说邻居们少来了一户你可知道。妻子的提醒让我想起来,与我家住对门的那对夫妻,没有参加瓷婚夫妻的活动。这让我疑惑,他们夫妻身体不好,还是有什么别的不方便?妻子没有让我猜,她直截了当地告诉我,他们夫妻离婚了。

说别的任何一对夫妻离婚,我不会吃惊,说他们夫妻离了婚,我就只有吃惊了。

汉语中描写恩爱夫妻的词语,什么举案齐眉,什么相敬如宾,什么恭敬礼让,在我和他们是邻居时,常会涌上我的心头,以为就是他们夫妻一直以来的最为恰切的写照。我从没听过他俩吵,也从没见过他俩闹,便是夫妻间脸红一类小矛盾都没有经见过,这样天造地设的一对恩爱夫妻，怎么会离婚了呢？

  我大为疑惑，难以置信地看着告诉我这一消息的妻子。她觉察到了，让我不要拿眼睛瞪她，并让我回想，他们夫妻俩初为一家人时，倒是生得很有些相像，后来就不相像了，越长越不相像。

  相像，夫妻关系中最为隐秘的一种密码。

2017年9月10日　北京昌平

血汗

我把扔在老家的一套木工家伙，前些天打包拉到西安的家里来了。

时间过得真快呀！我把拿在手里，日夜劳作的木工家伙，丢手不拿，撂在老家我原来的木作棚屋里，已经整整四十年了……四十年转瞬过去，我从贾平凹先生写我的一篇短文中的"小木匠"，不断地蜕变，先是进入大学深造，毕业后在咸阳、西安的两家媒体工作，十一年前，则又重拾我业余文学写作的笔，开始了几近专业的文学创作活动，闹腾了一年多的时间，在文坛上被评论家们很是大方地冠以"吴克敬现象"，并不吝溢美之词地说我的文学创作如"井喷"。面对如此真切的鼓励，我起心申报鲁迅文学奖了，即以我二度文学创作以来，写出的第三部中篇小说《手铐上的蓝花花》，经由首发了这部作品的《延安文学》报上去，竟然幸运地摘得了这项为人瞩目的大奖。此后的日子，我还有多部作品，连获冰心散文奖、柳青文学奖等文学大奖，有四部中篇小说拍摄成电影，另有长篇小说《初婚》拍摄成电视剧，并在央视八套及全国多家卫视和地方台播出……这是我目前的成就呢，朋友们鼓励我，为我高兴，希望我有新的大的成就再出来。我想我不能辜负朋友们的期望，因此我咬牙坚持着，可我在夜里做梦时，不期然地总会梦到我青春时期弯腰弓背木作的情景。

我骄傲，我是很有些木作手艺和经验的。

像我制作的风箱，在我们那一带就非常出名。依当时的价格，别人的十二块钱，我的就是十六块。这没办法，谁让我制作的风箱，不仅拉动时轻灵，而且气足风大，便是价格高于他人，也还比别人的抢手。其中的奥妙，在风箱这一居家过日子必不可少的用具逐渐被电动化的鼓风机淘汰了的今天，我是可以明白地说出来了。一切都在一线之间，为此我总结了："木匠行里，一根墨线是准绳。"用在制作风箱上，实在是再精准不过了。我在为风箱上底上盖时，掐尺等寸，在风箱中部位置，上下左右都要缩进一线。恰是这一线，可使风箱里的推风杆,在推拉时不至于滞塞,难推难拉,而可以轻便滑溜地移动,凭其惯性,不跑风,不漏气,走到风箱一端,然后又滑溜地移动着,凭其惯性,不跑风、不漏气地走回来,开始新一轮的推拉……这是我用心测试获得的风箱木作秘籍。

描金箱子、梳妆匣子等女子结婚所用的闺房品类,我也做得十分用心,且也有自己独到的心得……前些日子,我回到故里取木作工具时,还在村里见到了不少当年我打制的描金箱子、梳妆匣子等闺房器物,而且还看到了我打制的一些生产工具,譬如最常用的架子车,风里来雨里去,霜打雪漫,过去了那么多年,居然还完好无损为人所使用着……我本家的堂兄,装载上我的木工器具,帮我送往我带来的商务车处转运,用的就是我当年打制的架子车。我看出来了,自己没说什么,倒是我堂兄忍不住说了,他说我打制的架子车,比铁打的还结实耐用。

这里是有我琢磨出的一个窍道哩。

木制的架子车,用料要选材质坚硬的土槐才好,还不能是康槐,而应该是青槐……有了上好的木材,下来就是做工了,榫榫卯卯的,不能有铁钉的存在,关键都在手工雕琢的一榫一卯上了。在用凿子凿卯的时候,一定要注意卯的横断面,在切口处依线下凿,拿捏好一定的倾斜度,凿进卯的中间部位,鼓凸出一线弧形切面,吃住楔入的榫头,便能死死地咬合住,不劈烂卯口,是绝退不出来的,便是水浸油泡,也入不了榫卯里去。

不用算计,我心里牢记,走乡串村的我在故里踏踏实实做了十年的木工活。

别离多年后,我把与我朝夕与共的木工器具从故里拉回西安的家里,我开心又能手摸目视我心爱的它们了。我没有觉出一堆木工器具的异样,更没有嗅出木工器具的异味。我爱人夜里加班,很晚回到家来,如我一样,亦没看出木工器具的异样,但她说她嗅出一种家里原来没有的异味。

是什么样的异味呢?

我一时说不明白。第二天清晨起来,我爱人在房子里这儿走走,那儿走走,还说她嗅得到一种异味来。她寻着那异味的生发点,这就走到我拉回家里来的木工器具那儿,十分肯定地给我说了,异味就在这些凿子、刨子、锯子身上。

爱人的一句话勾起了我许多回忆,想我在做木工活儿时,有太多的汗水浸润在了这些木工器具上。而我不仅流汗,还可能磨破手指什么的,就有我的血浸透在木工器具上。因此我脱口而出,说了两个字:血汗。

我爱人恍然大悟,她重复地说了:对,是血汗,血汗的味道。

2018年4月28日　西安曲江

第二辑　知性然否

把家送给家

"文人不一定是书法家,书法家却必须是文人。"

看到一位书友转发来他人论书法的这句话,我震惊了,却也是完全赞成的。因为这正是困扰书法界的一个突出问题呢。譬如写小说的莫言先生,戊戌年秋季的时候,要在北京举办一场他的书法展,就毫无来由地引起了诸多争论。说狼说老虎的都有,最突出的一种倾向是:莫言你写小说好了,掺和进书法界干什么?言下之意,莫言的书法作品就不是书法,不是书法又办哪门子书法展?如此争论下来,逼得莫言站上潮头说话了,说他办的不是书法展,而是墨迹展。

我佩服莫言的机智,也在自己心里问了一个问题:一个如莫言一般的学问家,怎么就没资格办他的书法展了?

噫吁嚱!我为此不禁发出了如诗仙李白在蜀道上

发出的那一声喟叹。因为李白传世的书法作品《上阳台帖》，要照那一种论调来说，大概也不能算作书法作品了。依此类推，历史上的王羲之、颜真卿、柳公权、苏东坡、黄庭坚，以及于右任、郭沫若、启功等先贤与先辈们，我们又该怎么来评说呢？他们的书法作品，能说是书法吗？答案是肯定的，没人敢说他们的书法作品不是书法。既如此，话就好说多了，写小说的莫言，他的书法作品，自然是也要称为书法的。历史地看，在没有钢笔、铅笔等其他书写工具的时代，国人的手里，就都只有一管毛笔。用毛笔写字，是文化人的本分，而毛笔亦是文化人手上须臾不可脱离的书写工具。他们把书读成了，读出了境界，有感而发，写诗写词写小说，可不都是用毛笔书写出来的吗？他们的书写为人钟爱，流传下来，成了书法珍品，这是多么正常的事情啊！我以他们为研究对象，花了好几年时间，写了一部《书法的故事》，交由故宫出版社出版，讲的就是这个道理。

　　文人与毛笔，就像左手与右手，亲密无间……受此影响，我也不揣冒昧地捉起毛笔来，在一张一张雪白的宣纸上涂鸦了。我得老实说了，最初在纸上涂鸦，是被热爱书法的老父亲威逼的，练习了八九年，后来因故停下，耽搁了数十个年头。我写小说、散文，是也写出了点名堂，写的几部作品拍成了电影、电视剧，还获得了国家级的文学大奖，因此又把练习书法的劲头鼓了起来。

我如今练习书法，一来是自己有这样的爱好，二来还能锻炼身体呀！

人到一定年纪，锻炼身体比什么都重要。我伏案拿着钢笔写一阵子称为文学作品的钢笔字，写烦了，站起来踱步到阳台上铺了毡子的书案前，捉起毛笔来，再写一阵子称为书法（姑且这么说了）作品的毛笔字。我写钢笔字时，写多长时间，都不会身体发热流汗，而写上一会儿毛笔字，浑身都会发热，甚至头顶上要出汗，脊背上也出汗……汗流出来了，人也舒服起来，而且更感受到一种莫名的快意，神清气爽。然后转去盥洗间，撩起清水抹一把脸，就又能思维活跃在钢笔字的劳作上，提笔来写自己的文学作品了。

我这么来来回回地写，于文学创作上有了些收成，并产生了些关于家的思考，以为我们今天的家，是很需要做些梳理的。我们传统的家，不仅是生活的，更是精神的、灵魂的。那么如今呢？似乎薄弱了许多，也失去了许多。我们坚持下来的,也就是计划生育后的三口之家、四口之家、五口之家……这是重要的,却又是不够的。我们不能只有生活的家,还应有精神的、灵魂的家。唯如此,我们的家才是完整的,有家的温暖,有家的美丽,有家的爱恋……那么我们精神的、灵魂的家在哪儿呢?这个问题,也许只有勇敢地走进传统,才能说清楚。

传统的家,是有中堂的家、有祠堂的家……我们精神的、灵魂的家,就在中堂里,就在祠堂里。如今的网络上,以及纸质、电子媒体上,活跃着的一项内容,就是追寻我们传统的家的中堂。中堂上的字与画,是一个家的家教、家训和家风的呈现,以书画对联的形式,具象化在中堂上,让家里的人抬头就能看见。这样的追寻,因为有各级政府支持,还在不断地向纵深推进,譬如央视热播的《远方的家》,已经播出了好几季,就非常突出地发掘了许多全国各地尚存的中堂与祠堂,让不甚了解中堂与祠堂文化的今人,知道了中堂与祠堂之于家的精神和灵魂的传承,有着多么重要的作用。

传统的家里,无一人不受中堂文化的影响,无一人不受祠堂文化的熏陶。我们精神的成长,还有灵魂的塑造，最开始都是在中堂与祠堂里，一点点地完成的。

我把我对此的感受，部分地写成文章，在报刊上发表了出来。我的朋友刘京科、曹志平、常格读后，没有停留在阅读的层面，而是与我反复交流，建议我为我们的家应有的中堂做点事。我想了些日子，拟出一个题目——"把家送给家"，结合朋友们的名讳，以中堂与中堂联的形式，草拟出一些中堂作品，墨写出来要送大家了。

既然是送，自然不能有半毛钱的交易，那样做是对家的亵渎，更是对朋友的失敬。

刘京科、曹志平、常格三位朋友全都赞成我的想法，并自告奋勇地为我的这一构想出谋划策，说由他们出面，利用春节假期，举办一个展览。我为此是为难了，怕又惹得什么人跳将起来，骂我不自量力，涂鸦什么书法。为了不惹麻烦，我还是像莫言先生一样，不说书法展，甚至连他说的墨迹展也不说，就说是中堂展，展后那中堂是谁的，谁摘下来带回家去。我愿意中堂里的家，为我们生活的家，提供点儿精神的、灵魂的滋养。

我乐观这样的展览，所以感谢刘京科、曹志平、常格三位朋友。让我们为了家，携起手来，向我们的朋友,送上一个小小的中堂里的"家"。

写到最后,我的手机"嘟"的一声响,打开来看,居然又是一条关于书画的杂说。开宗明义地提出为"名人书画,书画名人"辩白,让我看得极为心酸,字里行间,似乎很有道理,但不要忘记这个"名人"可是文化人。如果他只是有名,而少文化,不管是"名人书画",还是"书画名人",又有什么好辩白的呢?

书画本是文化的事,尤其是传统的家里的中堂,文化的根底是一定不可失去的。

2018年12月15日　西安曲江

藏福

逸莲品读主办一期关于藏书的活动,他们邀我去了。这是我头一次参加他们的活动,但我知道他们的活动,就像他们为自己起的名称一样,逸而莲之,纯洁唯美。

藏书是个既持久又深远的话题。我想说的是,陕西,特别是关中道上,古已有之的一种说法,把"书"是要发音成"福"的,所以藏书也就成了"藏福",更进一步说,还音同字不同地要说"藏富"。这样一种说法,起于什么时候呢?一部《诗经》似可说明问题。朗朗上口的《诗经·绵》有如此之说:"民之初生,自土沮漆。……古公亶父,来朝走马。率西水浒,至于岐下。爰及姜女,聿来胥宇。"其所描绘的周人始祖,避祸来到如今的古周原上,就这么把"书"读成了"福",而且谐音为"富",书而福之,福而富之,绵绵不断地承继着,一代一代人,千古未变,把"藏书"就都说成了"藏福""藏富"。

还有别的地方这么说吗?我去过周人更久远的始祖,即公刘生活过的庆阳、彬州,那里的人,在说"书"的时候,是也要说成"福"和"富"的呢。

我们"藏书",原来是给自己"藏福""藏富"哩。因为此,古周原扶风县的我们家,历史地就也喜欢藏书,到了我这一辈,自然断不了藏书的爱好。我不仅自己喜欢藏书,但凡听闻别的谁好藏书,藏书丰富,也不管人家高兴不高兴,乐意不乐意,都要寻了去,攀人家做朋友,观览人家的藏书,分享人家的"福"气,沾染人家的"富"分。

西安城里的强沫先生,是藏书界颇负盛名的一位。他对藏书的痴迷程度,是我所见最为强烈的。十多年前,我还在西安日报社工作,他的一个同学,与我是同事,关系极为融洽。同事向我说了强沫的情况,我即不能自已,赶在一个星期天的下午,去了他的家里。我记得非常清晰,刚入他的家门,我就被震撼了。三室一厅的住房里,有墙的地方,顶天立地,都是排列整齐的书架,书架上排满了书,就还一摞一摞地顺着书架堆,甚至他的沙发、茶几，也是书籍堆起来的呢！而更为叫绝的是，便是他的卧床，没有木做的架子，全是摞起来的书籍，摞了齐腰高，在书籍上铺一层褥子，脱鞋上去，就是他夜宿而眠的床铺了。

也是我这人脸皮厚，是夜居然赖在他的家里，在他以书垒起的床上，睡了一个晚上。

要知道，我受家庭的影响，从不无缘无故地在他人家里留宿，那是失体面的呢，可我偏偏夜宿在了他的家里。过后我才想了，我与人家强沫先生，仅是一面之识呀。这么一想，我便常常脸红发烧……不过我要说，那一夜我睡得踏实极了，后来我只要睡不好，就在自己家里的床上，铺一层书，睡上去也能睡踏实。

现在我可以说，如果没有在强沫家里睡了一个晚上的书床，我或许会以新闻工作终我一生。但那一夜的书床睡眠，改变了我，让我有了一个梦想。我拿起笔来，认真而踏实地走在了文学创作的道路上。十多年时间过去，我不敢说我有了多么大的收获，但还是有小小的所得的。

逸莲品读的藏书活动，强沫先生就在现场，而且紧挨在我的身边。

主持人点我发言了,我偏过头去,问了强沫先生一句话,问他长安人把书叫什么,他随口说了我文前说的话——"福"。我笑了,向现场的人说了我在他家夜卧书床的往事,接着说他把"福"藏大了。我还想问他可也藏了"富",话到嘴边没有说出来。因为"藏福"是件洁雅的事,而"藏富"还是俗了点。

强沫先生不是俗人,他大概藏了福,就很满足了,至于富与不富,他看得并不重。而且我们西安有许多"藏富"的人,日子过得并不怎么好,有一些竟还十分可悲地身陷囹圄,铁窗苦熬……这太有趣了。我们藏书,给自己藏来福就好了。至于富,别人怎么想,那是别人的事儿,我是不愿多想的,我只"藏福"。

2019年1月12日　西安曲江

纪念

翻看汉语字典，知道"纪"的意思，是用事物或行动，对某一人或事表示怀念，而"念"的意思，则仅从字面上来看，是从"心"的，表示人的心里有念想在，且不易忘记。而把两个独立的汉字组成一个词，就有了更为深刻的一重意义，即形容人们对某个人或物的一种集体性留恋和怀念的情愫。

谁能享受人们集体性的留恋与怀念呢，而且长长久久，数百上千年？掰着指头数，似乎不多，伟大的屈原应是最为典型的一个。

明日即是纪念屈原的端午节了。我早起出了一趟西安城，到离家不是很远的终南山脚下，手折了一束艾蒿，拿回家来，插进春节时用胶带粘在门板上的"福"字背后。往后退两步，把我家门上的这一风景端详了好一阵,这才开门进屋,坐在书桌前来写这篇短文了。

我捉笔的手,还留有艾蒿的余香,袅袅的余香带着我,让我的思绪穿越了时空,猛然间回到了屈原生活的那个时代。不受楚怀王待见的屈大夫,因为政见不合,即被楚怀王赶出楚都,流放至汉北,楚顷襄王时再遭放逐,长期流浪沅湘流域。听闻秦将白起攻破楚都后,他自沉汨罗江,以身殉国。

屈原把他投江的日子,选在了端午节这天。

这就是说,端午节在屈原之前就有了,为中国四大传统节日中的一个,与天文节气有着十分密切的关联。如重阳节多在寒露、霜降之期,而端午节则在小满、芒种之期。端午节又称端阳节,此时阳气盛极,蛇虫、蚊蝇繁盛,蝎子、蛇、蜈蚣、蟾蜍、壁虎等五毒尽出,极易流行瘟疫。故端午之时,宜"仲夏登高,顺阳在上",折回艾蒿或是菖蒲,悬挂门前,以便驱除邪气,赶走蚊虫,使人能够安全度过夏天。

端午这日,我的手机短信和微信,收到了一大堆问候。每一个问候。我收到了,我回过去了,来来往往,把我们内心的纪念撩拨得十分浓郁,我们纪念屈原,纪念的是他那种强烈的爱国之心。

我不知道近两千三百年前的屈原，在端午之日投江，是他刻意的一种选择，还是绝望时的一种偶然，总之他在端午之日的这一死，极大地丰富了端午的精神气质，使一个天文节气意义的节日，沾染上了一种悲凉的气息，大家纪念他，一年一年又一年，以至于许多人都已不知晓端午初始时的意义，而只认为是用来纪念屈原的。

"诚既勇兮又以武，终刚强兮不可凌。身既死兮神以灵，魂魄毅兮为鬼雄。"在我耳畔轰响的，是屈原心忧家国、情牵百姓的歌哭，是他勇于探索、清正高洁的人格魅力，是诗意旷达、离骚天问的思想高度。

屈原独领了端午的风骚，我们纪念他，他也纪念我们。

我们纪念用的是心，他的纪念用的是生命。

2017年5月29日　西安曲江

留心

留心是学习的一种态度。

有了这样的态度,学习就一定是有效的,学习就一定扎实有成就,是所谓"处处留心皆学问"。

对此,我的感触是太深了,以为人之一生,活到老,学到老,既要向书本学习,更要向生活实践和生活细节学习,非如此不能成就自己。这样的例证太多了,就以文学创作为例,我省颇负盛名的路遥、陈忠实和贾平凹他们,可不都是这样的?路遥和贾平凹还都有过工农兵大学生的校园学习经历,陈忠实干脆没有,他的简历,明明白白写着,他就只是个中学学历。然而这并没有影响陈忠实,他以一部长篇小说《白鹿原》,登上了中国当代文学的高峰,在那里俯瞰一众作家都劳模似的爬着格子。

这叫人气短。

我留心陈忠实久矣，知道他的学历有限，比起张口中国古典文学、动辄西方经典名著的作家，陈忠实从来没有说过那样的话。但我相信，他是一定留心了中国古典文学的，也一定留心了西方的经典名著。他所以不像别人在此问题上说得口沫飞溅，唯恐别人不知道他学养厚、学识博，是因为他另有留心的地方，这便是他童年生活的白鹿原了。他留心着白鹿原以及白鹿原上的一切，风俗的，宗教的，经济的，社会的……数十年如一日，点点滴滴，都是他留心的对象，所以才有了细节密集真实、情感丰富婉转，使人读来要深陷其中的小说《白鹿原》。

陈忠实留心白鹿原和白鹿原上的历史积淀和现实生活，我则留心陈忠实，把他的《白鹿原》读了好几遍。我阅读了许多被称为经典的文学作品，我把那些作品与《白鹿原》比较，发现其中有些其实是值得怀疑的。因为我阅读这些作品的时候，在书页里总能看见谄媚的舌头，差不多已经腐烂在书本里，都不敢拿着抖，轻轻地一抖，就会有形形色色的舌头，丁零当啷掉下地来。

陈忠实的《白鹿原》没有舌头，所以才受读者的喜爱，并会被时间牢牢地记下来。

满是舌头的文学作品可能吗?

我不敢判断,但我以为读者是会选择的,而时间的选择更是惨烈,更不讲情面。这是我半路出家,开始文学创作之际留心陈忠实的一大收获。我也不能使我的作品里有舌头,那是会害人的,而且会害得自己看似著作等身,其实两手空空,一无所有。

留心陈忠实先生及他的写作,深刻地影响了我。我视先生为榜样,自2007年正经开始自己的文学生涯,我没有太多别的想法,当时我给自己说了一句话:"背对繁华,面对寂寞。"我心无旁骛地埋头在书桌上,读书写作……不过,我会抽出时间,留心书斋之外的世界。

陈忠实先生留心的是他的白鹿原,那是他的老家。我的老家在古周原扶风县,我是也该留心我的故乡的,可是我却分心出来,留心起信天游嘹亮的陕北,每年三次五次地去。去了后,不是住在延安、榆林这样的大城市里,便是县城亦过目即走,而是走进听得见信天游的山沟沟里。在那里,我听见的信天游不同于灌了唱片、刻了光盘的那一种,那些都是被所谓的音乐人改造、改变了的,虽然也好唱好听,但不如山沟沟里最原始的信天游。那里的信天游,没有伴奏,没有伴唱,随随便便

的一个人,随随便便的一个地方,吼唱起来,都要比别的什么地方的听起来走心:

六月的日头腊月的风,老祖先留下个人爱人。
三月的桃花满山山红,世上的男人就爱女人。

走进我心里的这曲信天游,就是志丹县一个偏远小山沟里,一位老者唱的。那位老者的头发雪一样白,面皮则像风干的青核桃皮,张着嘴吼唱信天游时,看得见他错错落落掉得不剩几颗的牙齿……他站在沟坎上,仰脖子把这曲信天游唱出来,天听见了,天在应,山听见了,山在回……我在那一刻,感到我身上的血变成了能够燃烧的油料,猛烈地燃烧起来!流光溢彩的舞台,穿红着绿的演员,可能粉丝成群,但谁能吼唱出老人那一种情味呢?我想不出来,我就只有敬仰着老人,以为他吼唱的那四句信天游,应该刻在一块石头上,披红挂彩地送到联合国大厦前,矗立在那儿,让天下人都来吼唱这曲信天游,知道我们人类,不管你是哪个民族,你在哪个国度,都必须如陕北山沟沟里的那位老人吼唱的信天游所言,"人要爱人,男人要爱女人"。

留心陕北，给我初期的文学创作注入了强大的精神力量，我创作了《手铐上的蓝花花》以及六七篇关于陕北的小说。第五届鲁迅文学奖评选，让我一个初入文学门户的人，被评委们所赏识，懵懵懂懂地摘取了鲁迅文学奖桂冠。

留心陕北，丰富了我的思想情怀，我站在陕北高原，回头再来留心我生命的故乡周原，有了不少新的发现。觉得先走出去，然后回来，不失为一种好的方法，可以让自己熟悉的生活、熟悉的人和事，生发出别样的情味来，才可能不负自己的故乡。

人是要留心的，处处留心。

2017年6月1日　西安曲江

耐烦

耐烦是一种美德。

耐得了烦的人,必然有自己的一番成就,而耐不了烦的人,则肯定一事无成。《钟山》杂志主编贾梦玮先生电话邀我参加"江苏美物"采风活动,在此之前,他们还举办了"名家·名作·名街镇"和"名家·名作·名美食"两次活动。这一次的"江苏美物"是第三届了,由江苏省旅游局出资,委托江苏省作家协会承办,我受邀参加,重点去了常州市,两天看了三个点,即常州三宝的梳篦、留青竹刻、乱针绣。看的过程中,深以为耐烦的重要性,是无可比拟的。

在常州市旅游局的精心安排下,我们先参观了梳篦的制作过程。国家级非物质文化遗产常州梳篦省级代表性传承人邢粮,就是一个极其耐得了烦的人。他原来在国有的常州工艺美术研究所工作，改制后自立门户，在常州市自找地方，建立了自己的梳篦生产企业，但他没有把销售作为主要目标，而是在梳篦的艺术创新上下了大功夫。要知道，常州的梳篦生产始于春秋战国时期，发展到魏晋之时其制作技艺趋于成熟。在近两千年的传承过程中，其盛名广于九州。梳篦的制作，从原料到成品，用邢粮自己的话说，需要七十二道半前期劳作和后期二十八道工序，最终才能成就一把小小的梳篦。大家想一想，耐不住烦，是连一把梳篦都做不出来的。

留青竹刻和乱针绣也是一样。我在参观的时候，不由自主地说了一句话："不论梳篦制作，还是留青竹刻和乱针绣，都是耐得了烦的事业哩！"我的话得到了梳篦传承人邢粮以及留青竹刻传承人徐秉言和乱针绣传承人孙燕云的认可，他们回应了我，说我说得对，不仅他们自己耐得住烦，他们的父母辈耐得住烦，他们的儿女子孙辈也耐得住烦。

祖辈都耐烦，是常州三宝传承人家庭的共同特点。我在孙燕云自掏腰包创建的博物馆里，看到了乱针绣创始人杨守玉的作品。这位创始人可不简单，她与大艺术家刘海粟青梅竹马，有着让人喟叹不已的旷世奇缘。她年轻时受教于著名教育家吕凤子先生，以扎实的文学、绘画、书法功底见长。她创作的《男孩》《美女与骷髅》《罗斯福像》《毛泽东像》等，既有油画的特殊效果，又不失刺绣的独特魅力，这几件作品，都被美国国家博物馆、俄罗斯国家博物馆及我国著名博物馆收藏了。

陈亚先是杨守玉的弟子，孙燕云是陈亚先的女儿，孙燕云的女儿大学毕业，又在姥姥的影响及母亲的引导下，开始了她的乱针绣创作。陈亚先的《纯》就悬挂在孙燕云出资创建的博物馆里，我进门头一眼就看见了那幅红衣女孩半身绣像，的确是纯呢，纯而又纯。站在乱针绣的绣像前，我纷乱的心，一下子也纯了起来。2008年由国家奥组委指定，孙燕云创作的国际奥委会主席罗格的乱针绣肖像，作为国礼赠送给了罗格先生，现在博物馆陈列着的，是一件复制品。仔细观赏罗格绣像，我不仅认了出来，而且被吸引了，针法活泼，线条、色彩丰富，我不知道还有什么表现手法，能如此传神地表现出罗格先生的神韵！

孙燕云给我介绍了，她说乱针绣绣出罗格的绣像，花了她三个多月的时间。我没有问她，一百多天里，她面对绣框,一针一线,倒是烦也不烦。我相信是个人都可能烦,她所以成就,就是因为耐得住烦。

博物馆二楼,有两个姑娘,各坐一个硬板凳,在用乱针绣的方法,于一方黑底透明的纱质丝帛上绣花。从我来,到我走,一个多小时的时间,她俩静静地面对绣品,几乎没抬一下头,自然也没说一句话。孙燕云说她女儿有事未来,如果来了,也会如这两位姑娘一样,聚精会神于她们的绣品前……哦,她们可真是耐烦呀!

成就自己的工艺成果,所需的最根本品质是耐烦,那么别的事情呢?耐烦也是基本的呢!

譬如家庭,一个我,一个她,还有老人,还有孩子,是也要耐烦的。像我在家里,就是个烦人的人,妻子这么说过我,女儿也这么说过我。而我有自知之明,知道自己确有烦人的地方,像我洗碗,态度倒是十分积极,自觉也洗干净了,可到下一顿吃饭时,妻子往碗里盛饭,总能发现我没洗干净的地方,特别是打过鸡蛋的碗,残留下一滴两滴的鸡蛋清,干在碗壁上,再洗就不好洗了。妻子因此说我烦人,烦了不是一次,而是经常烦,这里不烦那里烦,好在她耐得了我烦,我们就把日子过得有滋有味,快快乐乐。

女儿说我烦,是她去年圣诞节回家,为她在英国帝国理工读博要写的论文,在电脑上准备了不少资料,让我不小心删掉了。要知道,那是女儿近三星期的成果哩,她说我烦,而她妈还反对女儿说我烦,这有道理吗?幸亏女儿的电脑技术强,把我删了的资料找了回来,没有造成大的损失。所以我庆幸我的烦,在家庭生活里,虽然烦着人,却也享受着许多烦的幸福。

烦是不烦,关键看能否耐得住烦。

2017年4月16日　常州文笔山庄

让路

流行西洋的草坪婚礼，顺风顺水地也流进了西安。上个周日的中午，在大学工作的一位朋友，因为孩子的坚持，把他为孩子准备的中式结婚典礼转移到浐灞河边一处亲水的宾馆了。

是日天降细雨，草坪湿漉漉的，还有零星的花树，也挂满了雨珠。宾朋们喜气洋洋地赶来，是要给朋友和他的孩子添喜的，而草坪和花树，在天晴的时候，该是非常宜人的呢，但在雨天，便会生出点美中不足来，大家都鲜衣净履，自然要躲着草坪和花树，而纷纷站在草坪中间修筑的木板走道上……吉时到时，但见一艘装饰华彩的游艇，出现在了一片烟波浩渺的水面上，轻盈地掀动起一波波涟漪，向着草坪这边驰了过来。不用猜，那是一艘爱情的小艇，一袭洁白纱裙的新娘，手捧鲜花,站在艇首,满面喜气……就在小艇快要靠岸的时候,站在岸边迎亲的队伍里,走来两位西装革履的青年,礼貌而客气地请求站在木板走道上的人,给弃舟登岸的新娘让路了。

两位青年显然是婚礼上的礼仪官了。他俩语气恳切,动作礼貌,凡所请求,站在木板走道上的人,都自觉地让出路来,便是几条看热闹的小狗,也知趣地给新娘让了路。这使我想起日常常听的一句话:"好狗不会挡道。"

是的呢,好狗不挡道,好狗更会让路。我认识的一位画商朋友,在昨晚聚餐时,给我讲了个好狗的故事,就典型得让人叫绝。

画商朋友名叫关刚,说他老家的二爸养有一条细狗,腰长腿长,极为矫健,秋收后在原上捉兔子很有一套。二爸不愿出门打工,平日侍弄几亩田地,入冬了与他的细狗,就在渭北原上捉兔子。他们一人一狗,捉兔子除了增加家庭收入,还是一种娱乐,让他们人狗之间,建立起了十分深厚的情谊。去年冬天,关刚的二爸突然重病住院,按医生发出的病危通知书来说,就是命在旦夕。

细狗伴在关刚二爸身边,亲密地伴过了十多个年份。

关刚的二爸去县城住院,细狗追着是要去的,无奈关刚的二爸摸着追随他来的细狗,没让它跟着去县城,只让它在家等着……等在家里的细狗,与关刚的二爸心灵相通,命运相连,它好像知道医生下给关刚二爸的病危通知书似的,从那一刻起,守在家里的大门边,遥望着关刚二爸去县城医院的大路,不吃不喝……家里人看着难受,给它送的吃喝,比平时丰富了许多,有肉有菜,但它连看也不看,更别说张嘴吞食了,它只是呆呆地看向村里去县城医院的那条路,有种旁若无人的决绝,又有种殷殷盼归的期待……村里人到县医院去看关刚的二爸,昏迷中的关刚二爸,听了可能眨眨眼,听了可能动动嘴。他一次一次地听,直到一次,他从病危中醒来,恢复了神志,恢复了健康,他出院回家来了。

出院回家的关刚二爸,想象他见到细狗时的情景,细狗会狂奔而来,扑进他的怀里,与他一番亲热的。可是没有,这让他预感到了细狗的不测,心里慌着,来问家里的人,这便知道,细狗不吃不喝,就在关刚二爸从病中醒来的时候,一头倒在家门口,面容安详地咽了气。

家里人的叙述，使关刚的二爸流了泪。

关刚二爸知道，乡村生活中有一个风俗，就是老了的人，活到一定时候，是会自觉绝命而去，给他的子孙让路出来的……细狗十多岁了，把它的年龄换算成人的寿命，就也是一只高寿的狗了。

在朋友为儿子举办的婚礼现场，因为礼仪官的提醒，我蓦然想起这则故事，觉得人之一生，让路该是人的一种美德呢。

给别人让路，自己才有路呀！

但偏偏是，有人就是不懂得给人让路。在我们城市的十字路口，总是人挤人，车阻车，纠缠成一团，任凭交通警察怎么疏通，都很难使十字路口的交通畅通无阻。无法想象，这样的情景，会出现在朋友儿子草坪婚礼的现场，礼仪官提醒站在木板走道上的人让路，大多数的人让了路，可就是有那么几个人装聋作哑，像没听见礼仪官的提醒似的，在木板走道上死站着，就是不肯让路，逼得新娘子走下木板走道，走上湿漉漉的草坪……看着眼前的情景，我怀疑不肯让路的人不是来参加朋友儿子婚礼的，而是来找事的。

我记着那几个人的情状，又回想了关刚所说他二爸与细狗的故事，忍不住写了这许多文字。

让路不是为了别人好走，而是为了自己的路更宽、更长。

2017年5月27日　西安曲江

私心

"人不为己,天诛地灭。"

在国人的心里,这句话是敏感的,没人敢明目张胆地认同这句话,因为大家在样板戏《红灯记》里听到过,而且是从侵略中国的日本人嘴里说出来的。说这句话的人是日本宪兵队的队长鸠山,他欲以此话引诱说服共产党员李玉和,被身戴刑具的李玉和好一番痛斥,灰溜溜地败下阵来。早年前,我在观看《红灯记》时,牢牢记下了这句话,并常常以此话对照自己,对照的结果使我痛苦,我必须老实说,我为己是有私心的。

私心压着我,让我直不起腰,让我说不出话。直到有一日,我阅读佛经,看到这样的句子,才稍微释然,因为四大皆空的佛都说:"人生为己,天经地义;人不为己,天诛地灭。"因此我把腰杆直了起来,我也敢说话了，而且就在这篇短文里，还要敞开心来说私心了。

私心没有那么可怕，当然也不是万恶之源，正如佛露骨地说了那句话后，更进一步说，私心不能杀生，不能偷盗，不能邪淫，不能妄语，不能嗔恚，不能邪见，如是才是"为自己"。

私心是正当的，私心是正直的，也就是说私心以正。

佛这么说来，让我茅塞顿开，私心是正的，就是对的，反之就另当别论了。所以说，人有私心不可怕，怕的是私心不正。我们今天的社会，就有太多太多人，向人宣传自己大公无私，却总是以权谋私，到他们嘴脸暴露之日，人们看到的，全是一个个口是心非的极端自私自利的家伙。这样的例子不用我举，中纪委自党的十八大以来，几乎每个星期五的晚上，都会在官网上公布那样的一些人。他们有的官至国家级，有的官至省、市级，全成了该打的"老虎"，他们用他们的贪欲，证明着他们的为人所不齿。

私心无错，错的是如何对待自己的私心。

我相信谁要说他百分百没有私心，他一定是要害口疮的。因为他说的是假话，私心与生俱来，人活着，追求生存，追求幸福，这是人的权利，饿了要吃饭，渴了要喝水，累了要睡觉，病了要问医吃药，灾难来了也要设法逃避……这一切能说不是私心吗？如果生存得还不错，人就还会想着游山玩水、吃喝玩乐，这便是更大的私心了。所以说，"私心是人天生的思想能力，是正常人自发的、自然而然的思想表现"，坚持善待自己、爱护自己，让自己健康安全地生存，使自己获得幸福，获得成就。

我发现凡有成就的人，其私心往往与他的成就一样重。

在西北大学读作家班的时候，听蒙万夫老师讲了一位老作家的事。那位作家的创作成就堪称新中国成立三十年中最显赫的，他在深入一地潜心创作的时候，组织上特批他每月有吃一只鸡的优待。他很看重组织对他的这一关心，每有炖熟的鸡端给他，他都要仔细地清点那只鸡的腿和翅膀，清点清楚了，这才自个儿大快朵颐……要知道，组织上所以照顾他，都在于当时的物质生活是贫乏的，甚至是极端困难的，绝大多数家庭，绝大多数人，能填饱肚子糊住嘴就不错了，至于肉，赶在过年时，才可能尝到一口……有此特殊待遇的作家，非常享受组织对他的照顾，妻子给他把鸡炖出来，端给他吃，他是一点都不客气的，而且不避妻子和儿女，他们吃他们的淡饭素食，他则享受他的鸡肉。

妻子儿女虽然也都很馋，但并没有怨言。

可是一次，作家伏案创作的时候，闻见妻子在炖鸡肉，那一波一波香味，直往他的鼻孔里钻……他不着急，一点都不着急，他知道，炖在锅里的鸡是他一个人的美食。妻子喊他用餐，他因为写得兴起，就没有放下笔。这时候，已经放学的儿女，背着书包回到家里来了。他们受到鸡肉香味的诱惑，书包不放，围在母亲身边，看着母亲把鸡肉盛在一个搪瓷盒里，他们则不停地吸鼻子舔嘴唇。母亲心疼了，小心地从炖熟的鸡身上扯下一条腿，拿在手里，女儿咬一口，儿子咬一口，把一条鸡腿很快吃完了。

作家满意他的写作，放下笔来吃他的鸡了。

作家像他过去一样，要把炖熟的鸡验明正身翻看一遍。翻看的结果是，他发现鸡身上少了一条腿，因此他问妻子：这次组织照顾我的是只单腿鸡？妻子老实告诉他，她把一只鸡腿分给儿女吃了。多么正常的事情啊，作家闻言却勃然大怒，斥责妻子自作主张，组织照顾他的鸡肉，怎么可以分给他的儿女吃！作家斥责了妻子后，还逼着儿女，把他们吃进嘴里的鸡腿往出吐，声色俱厉地斥责他们分享了他的美食。

蒙万夫讲的这个故事，藏在我的心里，起初我并不怎么相信，后来有人又说了一次，我相信了，但也别扭着，无法想象一个成就巨大的作家，竟如此自私。

这个故事压迫着我。我编写《书法的故事》《国画的故事》两本书时，考据那些名传千古的人物，发现他们几乎无一人不是私心极重的人。到这时，我才有些释然，然后检讨自己：我就没有私心吗？我不能粉饰自己，我要老实说，我是有私心的，而且私心并不比别人轻。

我因此鼓励自己，私心即是名利心。

清楚地认识自己的私心，有效地管控自己的私心，让自己的私心融入道德，培植起强大的责任心，洁身自好。社会要给你名，你担得起你就担；市场要给你利，你合理合法能拿到手，这是没有错的。然而防人容易防己难，私心膨胀，私心作祟，也是很可怕的，往往会让已有的名分被自己粉碎掉，让已得到的利益被自己消灭掉，这可是非常悲催的呢。

世上这样的例子不胜枚举。

2017年6月5日　西安曲江

人工鸟巢

人的好心鸟不知。

眼见人工鸟巢挂得到处都是,而不见鸟儿居住,我不禁要为人的可爱而慨叹了。

不知从什么时候开始,也不知是哪一个人突发善心,为自由自在的鸟儿,人为地在树梢上或者崖壁上悬挂鸟巢。我不知道,想来别人也不知道,但我们只要从自己蜗居的房舍里走出来,随便到哪里去,可能都会看到人工鸟巢。这些日子,我出门晨练,看见小区门口的大路西侧,总是有人攀着高梯,往高大的行道树树梢上,绑扎人工鸟巢。我问他们,人工鸟巢是他们的个人举动,还是组织的安排。挂人工鸟巢的人,无不神秘地让我猜,好像他们是在学雷锋,做了好事不愿意留名似的。所以我就懒得问了。

但我看他们绑在行道树上的人工鸟巢，太没创意，太难看。

回想我看见过的人工鸟巢，在欧洲的奥地利，还有德国、芬兰，爱鸟人士在树梢上、崖壁上悬挂的人工鸟巢，制作就讲究一些，五花八门，全是形态各异的板式小房。让人看了，以为他们把自己居住的楼宇按比例缩小到鸟巢一般大，照葫芦画瓢地做出来，用钉子钉好，涂上油漆，小心地挂在鸟儿出没的地方。再是台湾，还有四川、贵州、云南等地，在那些地方，我也见到了大量挂在树梢和崖壁上的人工鸟巢。说实话，我在那些地方看到的人工鸟巢，大都不怎么样，不如我在欧洲大陆看到的，极具艺术范儿。那些人工鸟巢，真是太平庸了。不过也有好的，我在贵州的大山深处，具体地说，就是在贞丰和思南那两块地方，看到的人工鸟巢，不仅具有艺术范儿，还有很强的地方文化味儿。

那两个地方的人工鸟巢，充分应用民间工艺，充分采用当地材料，或毛竹，或茅草，手工编织，形象十分原始古朴，真的如鸟巢了呢！可是我认真看了，如此人为的鸟巢，依然不见鸟儿光顾。

我们国家的人工鸟巢，不见鸟儿光顾，欧洲国家的呢？我注意观察过，同样不见鸟儿光顾。这让我一次一次地，要为那些空悬在树梢和崖壁上的人工鸟巢而悲哀了，我悲哀干了这些活的人劳而无功。

鸟儿不傻，鸟儿有它自己的生活趣味，它们才不会栖居人为的鸟巢哩！因为鸟儿，可说都是了不起的建筑大师，它们从祖宗那儿继承基因，都不缺少筑巢的本领。倒是我们人，在自己的建筑才华有所局限时，打开自己的眼界，虚心向鸟儿学习，照搬鸟儿筑巢的样式，来为人类设计建筑。在这方面，我们国人眼光独特，把2008年北京奥运会主场馆，建设成了一个鸟巢的样子。

既是鸟巢的样子，命名就也简单，不像我们许多城市居民区，狗吃青草学洋（羊），起一个异国他乡的名号。我们气势宏伟的奥运会主场馆，自然地叫了鸟巢。

鸟巢落成已有十载，是北京市享有盛誉的标志性建筑。外国人来中国旅游，到了北京，参观了故宫博物院，下一站，也许就是鸟巢了。国人也一样，到了北京，哪能不去鸟巢看看呢？我就多次去鸟巢，不是鸟儿却胜似鸟儿，要"飞"进鸟巢里去，走一走，转一转……我有一张自己喜欢的照片，就是以鸟巢为背景拍摄的。

我还有几张喜欢的照片,也是以鸟巢为背景拍摄的。只是此鸟巢非彼鸟巢,而是真正的鸟儿在树杈上、在灌木丛里垒筑的。

几年前,我受邀到秦岭参观国人研发的大功率火箭发动机测试。我们被安排在与火箭发动机测试台相对的半坡上,就在我们站立的地方,我看到一个小小的鸟巢,拳头般大小,精妙地架在一丛带着针刺的灌木丛里。小小的鸟巢中,有四个更是小小的鸟蛋,整齐地排列在里面……当时我就想了,是我们的到来,惊扰了鸟儿,让鸟儿逃离了它的鸟巢,到我们离开后,鸟儿是还会回来的。果不其然,在我们看罢火箭发动机测试后,离开那里没几步,一只花彩的小鸟,就急不可待地飞回了它的鸟巢。

我把我看到的这一现象写成一篇题为《袖珍鸟巢》的小文章,在《西安晚报》刊发出来。火箭发动机研制单位的专家看到了,给我打电话,说他们试验场周围的山上有许多这样的小小鸟巢。

我为此颇为欣慰,把自己与那小小鸟巢的合影洗出来送给了专家。

朋友在白鹿原上依山赋形,建了一处名叫"四季健康小镇"的住宅区，邀我上原给他们以文化指导。在那里，我看见了许多高大的树，树梢上或多或少，都有鸟儿垒筑的窝巢。最典型的一棵树上，层层叠叠，仿佛我们人类居住的多层建筑一样，竟有五层之多！我发现垒筑在树梢上的鸟巢周围，不断有鸟儿飞来飞去，所以十分开心。我目视那树梢上的鸟巢，让朋友给我照了相。我为此给朋友说，你们"四季健康小镇"，能与鸟儿和谐共处，大概就是它最为让人着迷的文化底蕴哩。

　　从白鹿原上下来，再看我们住宅小区外行道树上的人工鸟巢，我是有话要说了。那白色塑料板做成的人工鸟巢，悬挂在树梢上，吸引不了鸟儿栖居事小，污染了天空事就大了。

　　可不是吗？行道树上挂扯着不少飞升上去的塑料袋，我们称之为空中垃圾，人工鸟巢一样，只是人为徒添了更多的空中垃圾而已。

2017年8月11日　西安曲江

相貌

相由心生。这么说来,一个人的相貌,可能也是一种福报。

想想也是,"人不可貌相"再加上一句"海水不可斗量",被人经常说着,几乎成为一条颠扑不破的真理。然而事实证明,这个真理也有不定然的地方。有人研究说,人的性格就写在脸上。还有人说,情绪起伏表露于声,态势看手势,生活方式展现身材,人品映现于眼睛,审美看衣着,层次看鞋子,家教看站姿,会不会打扮看头发,爱不爱干净看指甲,投不投缘吃顿饭就知道……凡此种种,不论别人怎么说,我是要举双手赞同的。就如我坐上餐桌,端不端酒,端起来美美地喝,还是只在嘴唇上沾一沾便放在桌面上不再动,都在于我对餐桌上人的认识。人都是对劲的人,我喝酒肯定喝得快活,喝多了也不至于失态,而其中有一个人不大对付,我就喝不了酒,哪怕是我最爱喝的老茅台,也是酒沾嘴唇就醉,顺嘴找个借口,立即离开酒桌。

那个让我看着不大对劲的人,可能与我只是头一次谋面,并没有什么对不起我的事与话,而且还很可能见了我面,表现得特别亲近,甚至巴结,但我就是改不了对人的第一印象,不愿意与其交往、交流……如果有人不识相,在酒桌上大放厥词,臧否人物,或者是言语间露出点儿对父母、兄弟、姐妹的不恭不敬、不爱不惜的,只言片语,我就更不能与其坐在一张桌子上吃酒了。西安民生原董事长马永庆先生是我老友,他就几次见了我在酒桌上,对那样一些人的不客气。他在作文时,把我的那些行状,还以赞赏的笔法,真实地记录了下来。

我为此吃过亏的,但我改不了,也没想改,所以还经常地"以貌取人",看着是我的朋友,就老老实实地交……我的朋友像马永庆一样的,有很多,相交既长久又上心,在物质生活里如此,在精神生活里也一样。

昨天中午,一位关中东府的高姓朋友相约吃酒,因为脾气性格相投,就吃得特别欢畅。要知道,我们成为朋友是非常偶然的。2015年的时候，在他人组织的酒宴上，我们见了头一面，吃了头一顿酒，此后两年就再没见面，自然也就没再一起吃酒，这一次是第二回。头一次相见吃酒的投机和投缘，没有因为两年未见未吃酒而生变，我们如久别重逢的老朋友，吃酒笑谈。掏钱请酒的他一番长篇大论怀旧，然后"咣"的一口，亮起酒杯的底儿，把酒一滴不剩地吃进肚子。

他的长篇大论，归结起来就一句话：人与人能不能成为朋友，就是一眼的功夫。

菜没吃一口，我们见面两次的朋友，因为那一眼之缘，立马连干了三杯酒。他媳妇看不过眼，劝他也是劝我：吃菜吃菜，哪有不吃菜连吃三杯酒的？我看他，从脸上看他性格，可能听不进去别人的劝，可他媳妇的劝，一劝一个准，他乖乖地坐下吃菜了。在这个时候，不挑事那就不是我，就也听劝坐下吃菜了，先是一筷头的苦荞饸饹，再是一筷头的红油米皮，然后又是一筷头的猪头肉，投进嘴里咀嚼着想：我怎么挑事儿呢？

其实没怎么多想，就有一句话冲到舌尖上，我说：高老兄娶媳妇，可也是一眼的功夫？

我的话把高老兄的话匣子打开了。他扔下筷子，端起酒杯和我碰了一下倾进嘴里就说开了。他说我说得对，他年轻的时候要学历有学历，要能力有能力，做着当地一家大型农场的负责人。他百里挑一地看上一个人，这个人就是他最初的情人、接着的爱人、后来的媳妇、最后的老伴。

情人眼里出西施吗？我插空说了一句。

我的插话把事儿挑大了。高老兄两手掰着我的脑袋，让我看他最初的情人、接着的爱人、后来的媳妇和现在的老伴，很是人老不知羞地说：你看么，就是西施。

他的举动把酒桌上的人都逗乐了。

他最初的情人、接着的爱人、后来的媳妇、现在的老伴，笑着说他是人来疯，而他承认他是人来疯。他说他最疯狂的时候，只把从不认识也从没见过的她在他们那里的医院照了一面，就疯狂地要认识她、追求她。暗暗追到她家在县城的居民院门口，发现她们家兄弟姐妹多，吃粮是个问题，他就动用所有力量，把他积攒下来的全部资本装在一辆双轮架子车上，五六十里的乡村道路，他一个人拉着，拉到县城，把八麻袋的小麦堆在她家门口。他要走，走了两步，因为流汗太多脱了水，因为用力太过虚了人，竟头一栽倒在人家门口。这让他如意地娶回了他的一眼所见。

我相信他的故事,更感动于他的故事,就停止了我挑事的语调,真诚地站起来与他和他的她碰了一回酒。

眼里有缘,心才会动啊!相貌可是太有力量了。

吃罢中午的酒,我回到家里来,翻看我的微信,这就看到"魅西安"公众号上的一则消息,讲的是夜读胡适的感受。我顺着读下来,发现这位夜读胡适的人,感受与我是太相似了。他说抛去原来对胡适的定性,重读胡适的文字,又看他的相片,发现他原来是那么相貌堂堂,从年轻到年老,都透着一股逼人的儒雅周正之气。他的相貌,比起原来敬重的鲁迅,似乎还要略胜一筹,清秀风流,潇洒脱俗。

相貌之于一个人,还是能说明一些问题的。

2017年8月27日　西安曲江

成就

在机场候机楼,在高铁候车室,销售书刊的地方,总有摆得显眼的电视机,吱哩哇啦地播放一些所谓专家和公知的讲座。几十年了,我听厌了那样的聒噪。这是因为,那些刺耳的喧嚣,你讲你的成功,他讲他的成功,所有人都讲成功,好像我们的社会,再没有什么可说的了,唯有成功才是我们的目标,唯有成功才是我们的方向。

初听时我没有怎么反感,觉得人家能讲,应该有人家的道理。

可是我的年岁长了,有了一定的阅历,就也有了自己的判断和认识,觉得成功与否,于人的一生,其实并不那么重要,成功也并不那么难。前些日子,西安召开了声势浩大的世界西商大会,作为受邀嘉宾,我参加了其中的几场活动,听了一些高层次人物的见解。会后西安的一些企业家朋友,把我邀到一个酒桌上,让我给他们传达西商大会的精神。没喝酒时,我微笑不语,喝了几杯酒后,他们再询问我,我即借着酒劲向他们说了一句话。

我说:你们都是有钱的人,你们觉得自己成功吗?

能请我酒的人,都是我的朋友。他们知道我平时说话的风格,所以在我问出这个问题时,自觉自己是成功人士的老板们,抽烟的不抽烟了,把火红的烟头掐灭在烟灰缸里,端着酒杯准备喝酒的也不喝酒了,把酒杯轻轻地放在了酒桌上……都是朋友,我不想大家难堪,更不想大家难受,所以我笑了一下,就又说:成功没有什么不好,只是我喜欢"成就"两个字。

接着,我说:站街女拉了嫖客,那是她的成功,但她不会把嫖客的孩子生下来,所以她就没有成就。

我这不是强词夺理,更不是危言耸听,就字面来看,成功与成就的基本区别就在这里。我还记得小学时,语文老师给我们讲,成功这个词为汉语名词,动宾结构,一般指获得预期的结果。成就基本释义则有所不同,即一个人或一个组织经过一定时间的奋斗和积累,取得的成绩或业绩。这么区别成功和成就，可能浅显了些，但部分地说明了两个词的意义，是很值得我们琢磨的。

我就认真琢磨过，成功和成就，虽然有其不同之处，但几乎可以说你中有我，我中有你。不过，我依然相信：一个成功的人，可能没有成就；而一个不怎么成功的人，却可能有大成就。

就说孔丘孔夫子吧。我们很难说他是个成功的人，但必须承认，他绝对是有大成就的人。孔子极聪颖，二十岁时就非常博学，被时人称赞为"博学好礼"。他还十分英武，身高九尺六寸（今两米以上），臂力过人，酒量超凡，据传从来没有喝醉过。他很想成为一个成功的人，周游列国，拜谒名门，确也给自己谋到这样一顶官帽子、那样一顶官帽子，到五十六岁，终于被拜为鲁国的代理宰相。但他在宰相位置上只坐了三个月时间，就满脸灰色地退了下来，辗转于卫、曹、郑、陈、蔡、叶、楚等地，却悲催地再未攀上任何官位。不仅求职不成，还在匡、蒲等地遭遇多次困厄险情。

这就是孔子的不成功了。

他的不成功，反而促成了他的成就。他历史地提出了"有教无类"这一伟大思想，聚徒讲学，无论听讲的人富贵还是贫贱，到他讲学的帐前，都是他的学生。后人总结他，他自己也很骄傲，培养了"弟子三千，贤者七十二"。在这一点上，有"亚圣"之誉的孟子，是深有感触的。"君子有三乐……父母俱存，兄弟无故，一乐也；仰不愧于天，俯不怍于人，二乐也；得天下英才而教育之，三乐也。"孟子以自己的行动实践着教育英才之乐。圣人孔子和亚圣孟子，在这里既心灵相通，又精神相通，他们都是有成就之人。

孔子的成就集中在一部《论语》中。

孔子的学生，把他们看到遇到经历过的问题，说给老师孔子听，再听孔子怎么说，然后把他们的问题和孔子的教诲记录下来，汇编成书，便成了数千年来，不仅百姓们奉为经典，便是帝王也顶礼膜拜的《论语》。

关于成就的例证太多了，历史上比比皆是，现实中更是多如牛毛。许多人崇尚成功，一个时期好像也很成功，然而最终结果却很难说。我要举例，那许多国家级、省部级的贪官污吏是可以说的，但不说了，只说两位我们不提名，大家也知道名字的富豪，一个是建了一座著名"红楼"的福建男子，一个是投资了新版《红楼梦》的山西女子。咱们能说人家不成功吗？大概是不能的，他们都是成功的，而且还是大成功呢！积累的财富，公布出来都在数十亿、上百亿。再是各色各样的荣誉，像一顶顶金制镶钻的帽子，也是十分耀眼的。

可是他们的成功顷刻间便灰飞烟灭，并且反噬他们，变成了他们的罪恶。

我不想辩论，成功与成就是辩论不明白的。像我自己，也常常羡慕成功，但不太追求成功。我向往的是成就，以自己的努力，慢慢积累，到时候能有点儿小成就，就算是安慰到自己了。

2017年8月28日　西安曲江

无用

无用是相对有用来说的。

"人生得意须尽欢,莫使金樽空对月。天生我材必有用,千金散尽还复来。"诗仙李白的《将进酒》,我是读不厌的,每每读来,都有一股热血沸腾、煮字燃情般的冲动。就在我落笔纸上,写出"无用"这个题目时,我亦不能自已地吟诵出口:"君不见黄河之水天上来,奔流到海不复回。君不见高堂明镜悲白发,朝如青丝暮成雪。……"我吟诵着,一口气吟诵到了尾声:"五花马,千金裘,呼儿将出换美酒,与尔同销万古愁。"

老实说,我就是陪伴着友人,喝了一场大酒来写这篇文章的。

李白的《将进酒》写的是他自己吗?我不知唐诗研究专家是如何看的,但我相信嗜酒如命的李白,写的该是他自己了。千余年后的今天，一个也很好酒的我，生拉硬拽地要以李白之好酒来比我。我要祈求仙游诗域的李白，不要嫌弃我，因为我也已年过六旬，是一个鬓发如雪的人了。我在此前，饱受李白"天生我材必有用"的豪言鼓舞，坚持要做一个有用的人。

但我有用吗？

也许有过，然而退回自己的屋舍，孤寂地回想自己，却悲哀地想要流泪，不知自己有什么用。

我读庄子，在《内篇·人间世》中读到了这样一段话："桂可食，故伐之；漆可用，故割之。人皆知有用之用，而莫知无用之用也。"庄子这一说，我不好注释，怕会被人笑，所以就引用几段古人的注释，来帮助我们理解了。很受学界推崇的郭象，就曾注："有用则与彼为功，无用则自全其生。"他这一注，别人还有什么好说的呢？我想大概是无话可说了，有用还是无用，于此注释得明白而清楚。

既如此，我还要唠叨一下，把惠子与庄子的一场辩论引用出来，进一步说明这个问题。

台湾漫画家蔡志忠用他神奇的画笔，惟妙惟肖地画出几千年前的这一图景。傲慢的惠子在一棵树下问庄子："有一棵大树,它的树干疙里疙瘩,不符合绳墨取直的要求,它的树枝弯弯扭扭,不适应圆规和角尺取材的需要。虽然长在道路旁,木匠连看都不看。"

庄子笑了,谦恭真诚地说:"有这样一棵大树,为什么担忧它没有用处?怎么不把它栽种在无边无际的旷野,逍遥自在地躺卧于树下。大树不会遭到刀斧砍伐,也没什么东西去伤害它。虽然看着一时派不上用场,可是又有什么值得困扰呢?"

在庄子的世界里,关于一棵树有用还是没用的论述,无不具有一种警醒世人的作用。他这样启发了前人,也启发了我们后人。生命的意义在于自由,不要被外物异化,暂时从一个社会角色中跳出来,以一个"无用"的旁观者的身份来思考生活,会知道我们原来的忙碌和焦虑,到底是为了什么,结果又如何。

是有用的大树被斧砍锯伐而去,做了栋梁,做了棺椁,还是无用的大树,持久地摇曳在路边,遮出一片阴凉,让过路的人,在阴凉下逍遥躺卧?

呵呵……我看一档时尚的电视节目,表达一个人明白了某件事物,并使自己自信起来时,就以呵呵声轻描淡写地带过去。我没有别的方法表达我行文至此的心情,就借用时尚人士的方法,帮我翻过我渴望"有用"的那道坎,从此做个"无用"的人。

"梁山"好汉一百零八人,那个叫吴用的谋士,比起林冲、李逵等舞枪弄棒的人,似乎确实无用,但他在梁山上的作用,可不是他们谁能替代的。

施耐庵作《水浒传》,专门创作出吴用这个谋士,其所要表达的深意也许就在于此了。不是吴用真无用,而是吴用有大用。他的脑子太好使了,智取生辰纲,看吴用是怎么运筹的,一计连一计,环环相扣,算无遗策。当时押解生辰纲的杨志,警惕性可是非常高的。吴用七人,先是扮作怕遭劫难的枣贩,示弱麻痹杨志;接着又慷慨买酒,吸引杨志,并如其他小商小贩一样贪图小利,硬要白讨一瓢酒吃,借此表明酒是无毒的;要还酒瓢了,却暗中下药骗过杨志,使一路走来最怕被人下药的他,最终还是被蒙汗药药倒,糊里糊涂地丢掉了十万贯钱财。

电视剧《水浒传》的主题曲《好汉歌》,唱绝了江湖义气,还有英雄气概。好汉中的军师吴用虽无武艺傍身,但足智多谋,是十分耐人寻味,并须认真研究对待的。

这也就是说,人在江湖走,靠的是朋友。然而,应该如何交朋友呢?

从利益出发，有酒有肉，恨不得天天在一起，醉生梦死，是一种交友的取向和方法。再就是常常相忘于江湖，时时没有时时有，处处不在处处在的交友取向和方略。对于这两种交友方式，可以预想的是，前一种可能非常热闹，甚至十分奢华，但是到了最后，却是没有不可分手的。分手时又可能分得悲哀惨烈，拳脚相向者有之，拔刀见血者有之……这是为什么呢？道理很简单，在交朋友时，双方想到的是对方有用，谋取的是对方带给自己的利益，花天酒地许多时日，发现对方于己不仅没用，没有利益可得，甚或是想要从己处获利，这样的朋友自然是交不下去了。

君子之交淡如水。古人是这么看待交友的。

在网络上闲逛，无意中看到有人提倡"赚钱靠有用，交友靠无用"。对这样的观点我是赞同的，只是不知这么把赚钱与交友放在一起说，是因为有教训还是因为矫情。对此，我不想过多计较，只说自己活到现在，几乎是个无用的人，却比头戴官帽有用的时候，交的朋友更多更真。

我是朋友无用的朋友，没朋友不愿与无用的我往来，却是我的大福哩！

2017年8月29日　西安曲江

甩手

记得《儿女英雄传》第九回有此一说:"就算我是个冒失鬼,闹了个烟雾尘天,一概不管,甩手走了……"还记得《骆驼祥子》第十五章有此一说:"以后出去,言语一声!别这么大咧咧地甩手一走!"此二例足可以说明,"甩手"可不是个好词儿。

这是对的,我生活的关中西府古周原,评论一些人时,所用的词儿就有个"甩手掌柜"。

乡村社会中,谁要摊上个"甩手掌柜"的名声,那可就惨了,其人基本上就被列入另册,与四体不勤的懒汉,与不负责任的孬汉,同等看待,别说讨个老婆,就是想要与人为伍,也会被人厌弃地躲开来……有过二十多年乡村生活经历的我,见过甩手掌柜的情状,见过甩手掌柜的惨状,真的是为他们无奈又脸红,觉得活着还不如死了的好。

我有一个同村伙伴,小时候和他耍在一起,倒没觉得他怎么甩手,反倒因为他生得白净,也爱干净,而常自觉不如。到我们背着书包,去了小庙改建的小学读书,问题来了。他真是一副甩手的态度,自己的课本,发到手里没几天,就会找不见,还有他的作业本,语文、数学的全都分不清,作业做没做不知道,老师来收时,他的作业本常常没了踪影……不过这个时候,还没人说他是甩手掌柜,而是带着些戏谑的成分说他,"能兴死个丈母娘,也能气死个先生"。

给我们带课的小学老师,没有不被他气个半死的。

他倒是心大,先生生气他不气。那么甩手到四年级,长出了一身的肉,人比镢头把高时,他不气先生了,潇洒地走出小学校门,回村做起了农活。

繁忙的农活,容不得他甩手。可他故态依旧,人依旧白净着,依旧干净着,这便成了一个问题,被人指戳着脊梁骨,说成个甩手掌柜了。

背上个"甩手掌柜"名号的他,成家娶媳妇儿的事儿就不好想了,而他不仅要想,还眼高得超乎常人,一般的还看不上眼,看上眼的人家又嫌弃他……一直拖着，把他自己拖得没有了耐心，就在一个早晨，甩手走出我们村，从此数年，杳无音信。不仅村里人，便是他的家里人，都不知道他的去向。渐渐地，他那个甩手样子在村里人的记忆里都没了影子，结果他又甩手回来了。

也是他回村来的日子，农村发生了非常大的变化，原来的村集体解散了，土地分配给了各家各户，自己安排自己的生活，自己谋划自己的出路。村里人急吼吼的，都像打了鸡血，泼命地劳碌，可他未改甩手的毛病，锄把不摸，镐把不揣，把自己总是白白净净、干干净净地收拾起来，甩手在村里走。不仅他的家里人愁，村里人看见他也愁，不知他这么甩手下去，什么时候是个头。

在那场夏收、夏种、夏管"三夏"大忙后，所有为他愁的人，不仅消除了他们心头上的愁，同时还生出一种对他的羡慕来。

三夏那种繁重的体力活，甩手的他是不会动手的，他去距离我们村较近的法门镇，请了几个甘州来的麦客，为他割了麦，碾了场，种了地……他能这么干，说明他有钱哩！有钱能使鬼推磨，有钱还能抱得美人归。就在村里人黑汗黄汗、苦做苦受地忙三夏时，甩手因为请了麦客,倒比村里人进展都快。到他甩手使他们家地净场光地结束了三夏的全部劳作时,天下雨了,接连下了好些天,我们村里的人家,或多或少都瞎了些粮食。大家为此正唏嘘感叹着,又一件光灿灿的事情,在甩手的身上发生了。

一个如花般的姑娘,穿着村里人从没见过的婚纱,被甩手娶回了家!

当时我还生活在村里,真切地见到了甩手迎娶新娘的场面。他的新娘,乘坐的不是乡村当时有的马车、自行车,而是一辆村里人称作"屎爬牛"的小轿车。村里人把黑色小轿车称作声名不雅的"屎爬牛",并不是瞧不起小轿车,而是出于一种隐秘的抱怨与艳羡。那么高级的小轿车,随着一声清脆的轰鸣,进入村子,停在甩手家门口,左边车门打开,甩手西装革履地下车来,绕到"屎爬牛"的右侧,拉开右侧车门,手挽他的新娘,就那么梦幻般地下车来了。

所以用"梦幻"二字比喻甩手的新婚,是新娘穿在身上的婚纱,是那么蓬松,那么洁白。蓬松得夸张,洁白得也夸张,因为夸张,所以梦幻。

那个梦幻的新婚,暴露了甩手的身份。他失踪那么多年，在天南海北，眼见了许多，耳听了许多，还遭遇了许多……机会来了，甩手回到故乡，先在县城开办了一家医药营销公司，娶了一位"梦幻"新娘，他们携起手来，据说还要收购县上办了许多年的一家医药厂。

甩手可是大发了！

甩手怎么就大发了呢？

这太叫人糊涂了，想不明白一个甩手，四体不勤，却还获得那么大的收成……想不明白就只有不明白下去，像我一样，不甚明白就有了自己的大学读，离开村子，在西安城里先拿学历，然后工作。因在一家规模不小的报社里做新闻，甩手还几次托我给他折扣打广告。因为同村同乡，我在我权利范围内，给了他一些帮助，所以就还知道些他的事情。

我知道他仍没有脱离甩手的样子，把许多事情都甩给了他娶来的娘子，自己散漫得神仙一般……我俩与时俱进，如今互加了微信，清早起来，看到他发给我的一个视频，是他自己录的自己：在一片空旷的草地上，一身太极服，两条胳膊等速动作，相向甩动，就像一个弱智之人，傻乎乎地重复一个只有他做得了的动作，看上去既好笑又好玩。他还大言不惭地说他患了胃癌，靠甩手把他胃里结成的癌疙瘩生生给甩没了。

甩手可以治疗胃癌,这个奇迹谁相信呢?

我不能相信,也不敢相信,以为他是在为他的一种新药做宣传。

2018年4月26日　西安曲江

位子

山寺里养了头驴子,每天都在磨房辛苦拉磨,天长日久,驴子厌倦了它的生活。它在磨房里寻思,如果不再拉磨,走出山寺,到外面走走该是多么美好呀!

机会在驴子的期待中来了。山寺里的僧人,有圣物在山下,就拉着驴子下山了。在山下,僧人把圣物放到驴子的背上,牵着驴子返回山寺。驴子发现了一个有趣的现象,路上的行人,在它经过时,都虔诚地跪在地上向它膜拜。驴子开心极了,不禁飘飘然起来……返回山寺后,任僧人如何使唤,它都犟着脖子不愿再去磨道拉磨了。

僧人不能杀生,对驴子没了办法,就解开缰绳,放任驴子自由地下山去了。

驴子刚下山,即见到吹吹打打、披红挂彩的一队人。它不知道红红火火的这支队伍，是来迎亲的，还以为迎接的是它，就骄横跋扈地站在路中间，挡住了迎亲的队伍。迎亲的人扫兴不已，围上来对它又是挥棍又是扔石，把驴子打得遍体鳞伤，落荒而逃，回到山寺，它竟不知羞地给山寺的僧人抱怨："人心莫测，我头一次下山，见到我的人，无不下跪膜拜，而今日，他们竟敢对我狠下毒手。"

僧人被驴子逗乐了，调侃地说了声"蠢驴"，就把那天众人见到它下跪膜拜的原因，如实告诉了它。

那是因为，那天驴子背上驮着圣物——一尊金身佛像。

在微信里，我不经意间看到这则故事，不由得呵呵乐起来，以为编发这则故事的人真是太有智慧了。他哪里是在写那头驴子，纯纯粹粹是在写人了。

去一所中学做讲座，有中学生问了一个问题：作家可以骂人吗？这个问题问得太好了，我不禁乐了起来，并愉快地回答了这位中学生，说我在阅读中，有一个体会，不会骂人的作家，肯定不是优秀的那一类，而会骂人的作家，才是吸引人的，而且是优秀的，让人难以忘怀……"会"是我回答问题的关键词，优秀的作家，创作出优秀的文学作品,根本的意义,就在于他的批判现实主义的立场,而且还很艺术,骂得文明,骂得不露声色,要人在阅读的过程中,仔细地品味和感觉,有所收获后会心一笑。

山寺里的驴子,拟人化地写来,骂了人,骂得何其艺术。我看了,会心地笑了一下,并记忆在脑,还要落墨纸上,就在于我们今天的人,太不知道自己是谁,还傻呵呵特别自恋地找不准位子。

"铁打的衙门流水的官",想来人都听过这句流传千古的民间俗语,可真正懂得其含义的人,似乎就不多了。

问题就出在这里,你空占着位子而不做事,别人就要诟病你了,就要把你从那个位子上拉下来,让能做事的人坐了。在我们小区旁边的曲江南湖边,几位书画界的老朋友,晨练后会聚在一个石桌前,一起喝茶,我偶尔碰上了,也要凑一凑热闹……今晨我们幸运地凑在了一起,大家茶一口话一句地聊着天,不知怎么就聊到位子的问题上了。

他们说起我熟悉的一个人,离退休还有几年,组织上去他占着位子的单位调研,获得的结果极为糟糕。组织上一纸通知,把他从那个位子上拉了下来。他自己哀伤无趣，躲回家里，夜不能寐，用他的手机，给他认为能打电话的人都打了电话，希望有人来他屋里看望他、安慰他。可他打出去的电话，很少有人接听，好像大家都把他的手机号拉入了黑名单。他想不通，想来想去，把他想得绝望了，竟在自己住的楼房上，推开窗户跳了下去。

听到这个讯息，我为我熟悉的这个人而惋惜，而痛心。我转着眼珠子看周围喝茶的朋友，想要看出他们怎么看待这位失去位子的人。可我看不出什么来，没有我所有的惋惜，也没有我所有的痛心，朋友们说得不咸不淡，一点多余的感受都没有。

我就想了，一个人有位子没位子，其实一点都不重要，特别是带着些许光环的官位子，似乎更不重要。

不是我有预见，也不是我清高，在我五十岁出头的时候，组织经过考察，还要给我升位子，我拒绝了。我为我选择了一个提升职级而人不上位子的决定，提早回家，钻进书房，来做自己想做而一直没时间做的事。十多年做下来，倒比在位子上时做了更多让自己自信，也让家人和朋友开心的事。

自我陶醉的驴子，再一次以它自己的姿态，进入了我的思维。想它想入非非，背上驮了一尊金佛，就觉得自己像佛一样，在哪儿都有位子，都应该得到人的膜拜。它想错了，无知者无畏地要在佛的位子上充样子，就只能落个被痛打的结果。

位子上有权利，位子上有许多我们可以想象和不可以想象的东西，问题是自己可是德能配位，才能配位？如不能，倒不如没有位子好，做自己做得了的事儿，不失为一种好生活。

2018年5月1日　西安曲江

第三辑　知虚然否

回头路上花

谁能把前头的路走尽呢?

梦想万岁的帝王们,没能做到,何况他人。便是今天,刘翔是在世界上跨栏跨出纪录的人,跑得够快了吧,他亦不能够;便是高科技产品,譬如高铁,譬如飞机,譬如火箭,同样做不到。天下没有哪个人,没有哪个物种,走得尽前头的路,总是走上一程,往前看,前头还有一程……回过头来,平复了自己的心情,平和了自己的气息,认真去看,却会有不同的发现,而且会有不同的收获,往往是比往前走、往前跑,勇猛地往前走、往前跑,所发现和收获的更多、更大。

前头走不尽的路上,吸引我们的全是未知,回头走过的路上,可应该都是我们的已知。在一定的年龄段,我们向前走,勇往直前是对的,而到了一定的年龄段，我们回过头来，捡拾我们来路上的脚印，怎么说也是对的。那是我们生命的积累，是我们生活的积累，更是我们时间的积累，那是非常珍贵的。我们老是学猴子，向前走，走在玉米地里，掰一个棒子，扔一个棒子，再掰一个，再扔一个。我们有必要回过头来，把我们前行路上扔掉的棒子捡起来，特别是过了知天命的年龄以后，是时候为自己设想一下，回头来走一走的。

我是在生命进入五十三岁的2007年，停下我向前走的脚步，回头来捡拾我留下的脚印和脚窝的。

不回头，我不知道或浅或深，在我留下的脚印里，在我留下的脚窝里，都芳草萋迷，并充溢着花的鲜艳和花的芬芳。这个发现，让我手舞足蹈，快乐至极。我贸然从我热闹繁盛的新闻工作岗位撤下来，义无反顾地回头走来，至今已有九年的时间，粗粗盘点一下，竟然在回头的路上，收获了《初婚》《你说我是谁》《风流树》《追梦》四部长篇小说。其中《初婚》被曲江的丫丫影视公司购买了影视改编权，目前正在紧锣密鼓的改编拍摄之中。另有《你说我是谁》，获得了第十四届中国人口文化奖（文学类）。而在进行长篇小说创作前，我在回头路上，还捡拾并创作了近二十部中篇小说和众多散文、随笔，有两部中篇小说连获第一届、第二届柳青文学奖，《手铐上的蓝花花》还荣幸地斩获了第五届鲁迅文学奖，另有随笔集《碑说》亦荣幸地获得了冰心散文奖。

这一回头，居然有如此多的收获，让我不禁要欢呼一声：回头路上花！

我们都太注重前头的路了。这没有错，前路是必须要走的，但也不要忘了回头路。我20世纪80年代初的时候，有过几年文学探索的经历，兴趣淡薄时，我扔了下来，这一扔就是二十多年，回头重拾起来，不仅没有使我失落，反而使我青春焕发，有如此丰厚的收获，我能不骄傲我那一回头吗？

在我的朋友中，多有这种回头走的人。春节过后的农历二月二，龙抬头的节日哩，西北大学我尊敬的老师李浩，招呼几个人宴饮。我们没有选择那些豪华的去处，而是聚在大雁塔西侧那家叫作"珍菇源"的小餐馆，点了数种山里的蘑菇和几盘萝卜饺子，吃着喝着，其乐融融，好不快哉！

1987年秋，我考取了西北大学的作家班，李浩老师给我们上了几节课。他那时真年轻啊,我们听他讲课的同学,绝大多数比他大。但我们都敬仰他,不仅敬仰他的学问,还敬仰他的为人,他成了我们记忆在心的好老师。同学们毕业后,都回了来处。我是陕西人,自然留在陕西,先在咸阳报社工作了两年,再调西安日报社工作,距离西北大学只一个西安城墙的距离。我闲暇时爬上报社大楼的楼顶,西南望去,看得见西北大学的全景。所以我清楚西北大学发展中的许多人和事,像我们的老师李浩,他在唐文学的研究上,获得学界的广泛关注和普遍认同,出版的专著,也多是三联等大社编辑发行,在我的书柜里,就有一排不下十种……经过学校教职员工的推荐,以及进一步考察调研,组织上早些年任命他为西北大学副校长。他在他的岗位上,为西北大学的发展,做出了有目共睹的贡献,可是去年,他坚决地自退下来,又做起了自己热爱的唐文学研究。

李浩老师自退的时候,许多人都想不明白,而我因为有了回头走的经历,倒是十分理解老师的举动。果然他自退下来仅半年的时间,就荣耀地进入"长江学者"的行列,是其中少有的专门研究唐文学的一位。

"长江学者奖励计划"是教育部与李嘉诚教育基金会,为提高中国高等教育学校学术地位,振兴中国高等教育,于1998年共同启动实施的专项高层次人才计划,计划包括实行特聘教授岗位制度和设立"长江学者成就奖"两项内容。李浩老师获得的,为"长江学者"特聘教授头衔。我们宴饮的话题,虽然还有这样那样一些,但最集中的一个,还是李浩老师自退下来,很快获评"长江学者"特聘教授的话题。我为此专门敬了李浩老师一杯酒。

我说:回头路上花。

李浩老师懂得我的祝福,他会心地笑了笑。好像是,同桌的朋友,都听得懂我祝福李浩老师的话,也都不约而同地笑了笑。趁此机会,我把我来宴饮时写给李浩老师的一幅书法作品拿出来,要献给我的李老师了。我送给李老师的四个字是"桃李渊浩"。我想过了,李老师早已是桃李满天下,今后更会是桃李芬芳,而且以他渊博的知识、浩大的胸怀,他一定会在他回头走的日子里,获得更大更辉煌的成就。

四字竖条祝词之侧,我还搜索枯肠,为李老师拟写了一副对联。

联曰：

先贤已任桃李天下芬芳，师恩亲情渊浩神州醇香。

2016年3月22日　西安曲江

硬气

谁会没有见过书稿就为人作序呢?谁会未被著作人请求而为人作序呢?很少有吧,我就从来没有这么干过。不但没这么干,甚至一些求上门来的人,捧着书稿,带着润笔也被我婉拒了。可就这一次,不仅还没看到书稿,而且也未得到著作人的请托,却自觉自愿、乐乐呵呵地给我的朋友尤凌波写上了。

我所以这么做,盖因我知道尤凌波为人硬气。不是一般的硬气,是太硬气了。《晋书·陶潜传》载:"潜叹曰:'吾不能为五斗米折腰,拳拳事乡里小人邪!'"潜即人们敬仰的陶渊明,其宅旁有五棵柳树,人亦称其五柳先生。他说的"五斗米",就是一个县令的俸禄。陶潜不为五斗米的俸禄折腰,后人赞其有骨气。我晚生陶潜老爷子一千五百多年,不识他的骨气为何物,但我与我的好朋友尤凌波在一个桌子上举过杯,在一间陋室里下过笔，偶尔还会一起转转山、下下乡、摸摸牌，天长日久，一点点观察，一点点认识，一点点积累，这便真切地看到了他的硬气。

我必须说，尤凌波的硬气是会让他反对我把他拉来与陶潜做比较的。所以我要多说几句，历史的陶潜，他有他的骨气，现实中的尤凌波，可是有尤凌波的硬气哩！这是不冲突的。作为一个人，不管他成功与否，也不论他成就与否，在个人的品质上，骨气是一种准则，硬气也是一种准则。陶潜的骨气使他不为五斗米折腰，而尤凌波的硬气，使他哪怕是在真金白银、刀枪权势面前，也是不会认尿的。

与尤凌波同事，我最欣羡和佩服的，就是他的硬气了。就这一点，我经常自省，虽然有满腔的傲气，却欠缺他所具有的硬气。因此，我们喝酒喝得到一块儿，我们闲谝也谝得到一块儿。当然，谁要想给我或他使坏，我俩不用商量，甚至连一个眼神都不用，就各自心领神会。往往在我还犹犹豫豫、观望设想时，他已以他的硬气，抓住时机，一剑封喉，让使坏者颜面尽失，威风扫地。有好几次，我就这么无功地享受着他的硬气，给我踢翻障碍，让我免遭无端的祸害。

硬气之于尤凌波，是他生命最可宝贵的那一方面。而且，他还因为品性的硬气，在捉起笔来，于纸上铺陈文字时，表现亦很硬气，虚的话，他不写，假的话，他不说，十分硬气地忠实着他文字的格调和质地，绝不使他的文章沾染丁点让他恶心的味儿，丁是丁，卯是卯，该长则长，该短则短，于朴素的日常生活中，打捞和发现人们司空见惯的事物，言简意赅、准确传神地落墨在清白的纸页上。

别人有所不知，尤凌波落墨纸页时，可是太用心了。我俩同年同月不同日进入西安日报社，起初的日子，没有自己的板凳，没有自己的桌子，混迹在印刷厂顶楼的夹层上，逮着机会，坐上人家的板凳，趴上人家的桌子，来写自己的稿子。那一种心慌，我们不说，别人是不知道的。也许是为了压制自己的心慌吧，硬气的尤凌波抽起了烟。起初，他没有烟瘾，抽烟抽急了，会呛得咳嗽起来，大咳不止时，还会呛出点泪花来。他抽一口烟，写一行字，稿子赶得越紧，他抽烟抽得越凶……我是他抽烟成瘾的见证者。因为琢磨句子，琢磨得开心或不开心，他都要狠命地抽一口烟，这时看他抽着烟的嘴巴，像是功率巨大的风洞，一口气抽得去半截烟。

如此痴爱文字的尤凌波，是会有他的著作出来的，我对此深信不疑。断断续续地听朋友说，尤凌波今日在微信上晒了一篇文章，明日又在微信上晒了一篇文章。朋友们的传话，促使着我，想着他的点点滴滴，让我不能自已，就在他没有给我说，而我也没有看到他书稿时，就给他写下了这许多话。我不仅要为他措辞作序，还要请他吃一场酒的，我以为这既是对我们友谊的一次记录，也是我对他的一种欣赏和学习。

设宴容易请客难，我先在我居住的小区西门外一家羊肉馆请了他，他来了。过了些日子，又在秦岭脚下的魏家岭，请他吃了一顿。

魏家岭是杨庄街办的一个小村，我在那里租了一户人家的房子，开了个自己的工作室。大前年时，友人在眉县发现了一海子老酒，我把老酒全盘下来，自己命名，曰"板凳酒"。这酒与他人已吃过七桌，请尤凌波来吃，是第八桌。我的"板凳酒"有限，吃一瓶少一瓶，所以不出我的工作室，也因此不是谁想吃就吃得到的，必须是我的至交好友，我才会请他上山来，作为主宾，吃我的"板凳酒"。尤凌波的故乡正在杨庄，请他来吃我的"板凳酒",还请了他的一位同乡薛勇作陪,再就还有他知我亦喜欢的几位报社的老友,即刘小荣、赵玮、李滨等人。我因为高兴,酒吃得多,话也说得多,这正应了"酒逢知己千杯少"的古语。因为此一时也,我已于前次我家门外的小酒馆里,见到了他打印出来的书稿。他为他的书稿起名《风从场上过》,我太同意他给自己书稿的命名了。这个命名来源于他书稿里收录的一篇短章,我吃罢酒回到家里,就把他的书稿看上了,首先看的就是这篇《风从场上过》。没有农村生活经验的人,可能不知道"场"的作用,有农村生活经验的人都知道,乡村社会里的场,在未实现农业现代化的日子里,是非常重要的,既是用以碾打脱粒收获庄稼的场,更是村里人游戏玩耍议事说理的场。如今是没有了,尤凌波怀旧念旧,起首一个"风"字,让他全部的文字情怀,获得一场如风一般的宣泄。"风、雅、颂",中国的文字,中国的文化,可不都是乘着风而起,扶着风而上吗?有了这样的体会,我把前面写给他的文章,做了全面修改,拿上魏家岭,吃酒前还朗诵了一遍。我得意我与尤凌波的友谊,我因此按捺不住我的情绪,随着酒香润心,话自然地就多了。

在尤凌波场上风的鼓动下，我的心头还渗流出四个字来。这四个字是"腾凌逐波"，其中"腾凌"二字，语出唐颜真卿《赠裴将军》诗："战马若龙虎，腾凌何壮哉。"而"逐波"则语出元关汉卿《鲁斋郎》一剧的第四折："不是我自间阔，趁浪逐波，落落托托"。在手的书稿，我看得仔细，我看到了他腾凌壮哉的景象，还想他会少了以后趁浪逐波的壮举吗！

不揣文心，我有一副对联，也要送给尤凌波了：

腾凌深潭追海月，逐波碧湖挹荷风。

2017年8月13日　西安曲江

土木之乐

本来我给乡友魏庚虎所写文章题名"红庚参虎",可到修订稿件时,突然冒出个"土木之乐"的文名来,我便毫不留情地弃前用后,成了现在的样子。不过,我还是要把前头的用名在此说一说的。

所谓"红庚",传统的意思是写有生辰八字的红帖子。旧时婚俗,男女订婚必须互换红庚。田汉《获虎之夜》里就有这样的描写:"她的娘疼爱女儿,听说侯家里是那样的人家,起初还不肯回红庚呢。"此之谓也,做人做事要有凭据,要讲究信誉。那么"参虎"呢?即参星,为西方白虎七宿之一,故称。南朝陈徐陵《为贞阳侯与太尉王僧辩书》有云:"昔自天狼炳曜,非无战阵之风;参虎扬芒,便有干戈之务。"此之所谓,人贵如星。我的乡友魏庚虎,可不就是这样一位做事有信誉、做人贵如星的君子吗?

为此,我还情不自禁地为他作了副对联。

联曰:

红庚雅琴飞白雪,参虎高造横青云。

我这不是美誉魏庚虎,自然更不是吹捧魏庚虎。我以为,天才也许并不属于人,而属于我们需要真正懂得的土和木。

自然了,我所指的土木,是天下最为普通的泥土,以及与之相依的,根植于泥土,吸收着阳光和水汽的花草树木。它们是人类最为亲密的朋友,有泥土在,有草木在,才可能有人类的存在。反之,没有泥土草木的存在,就一定没有人类的存在。可以说,人类就生存在泥土草木的怀抱里,享受的是泥土草木的恩惠,感受的是泥土草木的恩泽!可是我们人,对泥土草木怎么样呢?似乎并不怎么尊重,甚至极为轻视,以为泥土草木本来就该被人践踏、被人轻薄,想烧了就烧,想毁了就毁。人啊,在泥土草木面前,表现得可是太自大了。

好像是,泥土草木中被人所喜爱的那些种类,在人的手里，被糟践得更为不堪，有一些几乎到了毁灭和即将毁灭的程度。

我能历数出来的名目，如是泥土，就有稀土、铝土等矿物质土，此外还有更为广阔的田土。赖以种植粮食的田土，据说程度不同地都受到了污染。如是草木，就有金丝楠木、海南黄花梨木等等。我不知道的也不在少数。这样的泥土是珍贵的，这样的草木是名贵的，因为珍贵，因为名贵，所以凄惨。有识之士反思，自然界的东西不敢被人喜欢，被人喜欢上了，这东西就倒霉了，非得被人折腾得断子绝孙不可。

这么说来，我真是要为我们人而脸红以至气短了。我们人的贪婪和嗜好，导致了泥土草木的悲哀。

这是不该的！为此，我想呼吁，我们人的贪婪和嗜好是该有所收敛的，特别是面对陪伴着我们人，让我们人能够安生生存下来的泥土和草木时。然而，怎么才能收敛起我们人的贪婪和嗜好呢？我是愚钝的，想不出别的法子来，只愿我们人，能够闲一点儿，静下心来，听一听泥土之声和草木之乐，或许会有一些触动，并产生一些作用。

我也并不怎么懂得泥土草木，但我有个习惯，在我有机会面对泥土草木时,都会微笑着去倾听它们。因此,我听得到泥土呼吸的气息,嚯嚯嚯,嚯嚯嚯……我听得到小麦、玉米、高粱、稻子以及无数小草拔节生长的声音,铮铮铮,铮铮铮……饱含着金属的韵律,真是好听极了!我还听得到槐树、榆树、皂角树、银杏树,以及许许多多乔木灌木,在泥土中成长摇摆的声音,呼呼呼,呼呼呼……饱含着自然的气息,真是好听极了!

所谓天籁,应该包括泥土草木的声音呢。

所以,琴瑟的制作,还有其他乐器的制作,制作的物料,一定是木质的。去厦门的鼓浪屿,参观一位华侨捐建的钢琴博物馆,见识了许多欧美制琴大师的杰作,其所依赖的,总是独特的木质材料。所谓钢琴,不过只在部分位置上,做了一些必要的组装,是绝不可以以一个"钢"字而概全的。

那次从厦门回来,乡友魏庚虎,仿佛知道我对泥土草木的独特感情,赶来我家,送了我一把亲手制作的古琴。

魏庚虎多才多艺,制陶、装裱字画,在西安大有名头。突然地制起琴来,让我不得不对他再一次刮目相看。之所以把他新制的琴称为古琴,是因为关键的一点,那四尺五寸的琴身,所用之木,是从一座毁弃的古庙里得来的，那座庙传说建于隋唐时期，距今已有一千多年的历史。而那棵巨木，在做梁成栋之前，依它留在琴身上的年轮来论，又还有数百年的历史。魏庚虎没有称它是把古琴，而是我真要把它视为一把难能可贵的古琴了呢！

古琴穿了一件印花的蓝布衣裳，很雅致地置放在我的书房里，我即使不用弄弦，也能时常聆听到古琴的浅奏和低鸣。

浅奏是美妙的！低鸣亦是美妙的！

前些日子，我有了自己的一款"板凳酒"，就寻到魏庚虎的工作基地，欲在他那里，运用我原来练就的木匠手艺，制作些真正的板凳出来，配合我的"板凳酒"，让大家畅饮起来，多一点话题。结果到了他那里，却发现他那里的瓷窑，火光熊熊，烧着一炉他精心捏制的瓷器。我不知他炉里烧着的都是什么，但我满眼看去，已烧成的瓷器，就有缸盆，就有碗盏，不一而足。他把我请到他的茶台前，喝他珍藏的老茯茶，用的茶盏，就是他烧制的建盏。宋代时，建盏可是非常有名的，达官显贵斗茶，没有建盏是很丢面子的。今天的拍卖会上，一个建盏，随便都在百万以上。魏庚虎百般试烧，千般配料，复制烧成的建盏，几乎可以乱真。我与他喝着他的老茶，向他提出了一个不情之请，要请他十个建盏回家来，我这个乡党，也好借建盏的名望，炫耀炫耀。

魏庚虎没驳我的面子，选了十个建盏，让我带回家来，是我现在招呼来客必用的茶盏。

原来裱画的魏庚虎，既制琴，又烧陶，我忍不住要这样想了，他对于土，对于木，是太知道其中的甘苦，以及其中的精妙和乐趣了。我无以报答魏庚虎乡友对我的真情，就写下了这篇短文，也算是对我俩友谊的一种纪念吧。

2013年6月20日　西安曲江

有趣

爬了好些年的格子，觉得自己像只贪婪的字虫儿，写了那么多称之为小说和散文的东西，突然地到了一定年龄，乘车有小朋友让座了，才豁然觉悟，怎么没写点有趣的东西，交好我们可爱的少年儿童朋友，成为他们眼底下、心里头的老顽童。

觉悟有了，但要做到并不容易。

我没有吴承恩那样的奇思妙想，可以写出一部很好玩的《西游记》；我没有蒲松龄那样的异趣幻想，可以写出一部很好读的《聊斋志异》；我没有安徒生、格林兄弟那样的灵智慧心，可以写出那么多丰富多彩的童话故事……但我不能辜负了我的觉悟，我是一定要为少年儿童出版一部有趣的文学作品了。

有趣！我给我的作品确立的目标是必须有趣。

汉语里一个"趣"字，真的是有趣哩。可以组合出许多意义不同的词，譬如恶趣、无趣等略含贬义的词语，当然还会组合出情趣、志趣、趣味等十分正面的词语。大家你说趣、他道趣的，反反复复都说趣，可是有说不完的趣话哩。

这就对了。这趣那趣的，我想唯有有趣才有趣。

特别是面对少年儿童，有趣是最重要的。无趣吸引不了他们，有趣才可能影响他们。像我列举的吴承恩、蒲松龄、安徒生、格林兄弟，他们的作品都是有趣的，所以才吸引着一代一代的少年儿童，影响着一代一代的少年儿童，而且还将一代一代地吸引下去、影响下去。

我把我自觉有趣的一些随笔小品，拣拾出来，归了归类，分成三辑，欲出版出来，面向可爱的少年儿童，希望能与少年儿童一起，体验感受一下我的趣味。我在这里，很想使自己返老还童，但我知道这是做不到的，谁都无法实现生理的返老还童。那么心理的、文学的返老还童，能不能实现呢？大概是可以的。如不然，就没有金庸武侠小说里的风流人物老顽童了。

这是我给我找出来的理由，应该不算强词夺理吧。所以我在我的《虫子吉祥》一书里，斗胆把自己混同于少年儿童，与我们可爱的、机智的、聪慧的少年儿童朋友，文学地"感受心跳"，文学地"感受心意"，文学地"感受心情"。

幸运的是，我是早就感受过了。书里的每一篇文章，我在捉笔来写的时候，就先感受到了。我在写作的过程中，一直感受着，便是到我年过花甲的今天，来初编这本小书时，依然还在感受。

我感受我的确是老了呢。首先老了的是我的眼睛。

我这么说，并不是说我老眼昏花。我要无比骄傲地告诉我爱着的少年儿童，我从小养成习惯，坐在桌子前读书写作，永远保持一个端端正正的姿势，眼睛距离书本，不会少于四十公分，不会多于五十公分。我以这样的坐姿读书写作，既是对书本的一种尊重，也是对身体的一种保健。我的颈椎至今没有问题，我的眼睛至今保持1.5的视力。不好意思的是，我原来很没出息地喜欢俊男靓女，无论在什么时候，无论在什么地方，看见了俊朗的男孩儿，看见了漂亮的女孩儿，都要用眼睛追着他们看，便是错身而过，或是我加快了脚步，走到了他们前头，还要忍不住回过头来，再心花怒放地多看几眼哩。

这是我未老时的眼睛。如今渐渐老了，在我眼睛里，什么俊男，什么靓女，几乎是没有什么差别了，差不多都是一个样子。而我这时候，自己追问自己，却也不知道从哪一天起，看见了小小孩儿，虽与我无亲无故，没有任何血缘关系，却是远远地看见了，就欢喜得不得了。哪怕小小孩儿脸上有清鼻涕，有眼泪，我也满心欢喜地、远远地对着他们笑。虽然他们不懂我的笑，可这又有什么呢，我没有道理地亲着他们、爱着他们。

老了眼睛就是这个样子。不只对我们人类，对动物也一样。央视的《动物世界》是我爱看的，我发现制作者运用摄像机镜头，远景近景，虚光实光，给我们呈现出来的动物们，大的如老虎豹子熊，小的如蜘蛛蝴蝶猫，全都是一个样子哩。年轻时候的眼睛，追逐的都是年轻的身影，年老了的眼睛，欢喜的都是幼小的生命。

好了，我的眼睛就这么义无反顾地老了。

我高兴我眼睛的老，这一老使我老出了温暖，老出了柔和，老出了对少年儿童的巨大爱心。我为我老眼里的爱，奉献出我的一点感受，成了我如今最大的安慰。我因此必须感谢专为少儿做出版的未来出版社，他们慷慨地帮助我，把我的感受以如此精美的形式送给我们的少年儿童，我感激得没有别的话说了。

最后想说的还是一个"趣"字。有趣,真趣,有真趣。

我怯于不能把这样的感受文学地分享给少年儿童,那就只有抱歉,请求少年儿童朋友原谅。

2017年9月7日　西安曲江

湖畔早茶

吃罢早饭，在沙发上靠十分钟，把肚子里的食物稳下来，我就要穿上运动鞋，出门到曲江南湖快走一圈了。

这是我不可或缺的一个习惯。六十岁以前，我不是早晨绕湖快走，而是晚饭后，六十岁后改在了早晨。我所以要改，缘于我阅读《易经》而获得的经验。人在年轻的时候，阳气是盛过阴气的，傍晚出门锻炼，有助于自身吸收阴气，以平衡阳气；年龄大了，阳气减弱，而阴气渐盛，清早出门锻炼，有利于自身吸收阳气，从而平衡阴气。我这么做了，自身感觉真的不错。

我在傍晚时出门绕湖快走，除了走还是走，没有别的什么收获，改在清早，不期然地，竟有了些让我开怀的幸遇。

我遇到了老友尚申三，于水墨画艺功夫颇深的他，清晨之时,在南湖边练腿。他这人年轻的时候,手风琴拉得那叫一个好,吸引着许多女孩子暗暗喜欢他,愿意围在他的身边,随着手风琴曼妙的乐曲,载歌载舞,其乐融融,甚是快活。那么多喜欢他的女孩子,多有苗条骨感的人物,可他偏偏爱上了个胖乎乎的人儿。现在必须承认,申三兄的眼光是独特的,这位胖乎乎的人儿,入了他的洞房,做了他的婆娘,做得很是出色。所以我打趣申三兄,说他会娶。

一个男人,会娶不会娶可不是个小事情。会娶了,终其一生鲜花灿烂,幸福美满;不会娶,则暗无天日,灾难无边。不用睁大眼睛,大家把自己的左邻右舍,还有亲戚朋友看一看,看可是这个道理。

尚申三会娶,娶了个胖乎乎的伴儿。不知他自己是怎么认识的,我和他们两口子熟悉了,直觉申三兄胖乎乎的伴儿,年轻时有她胖乎乎的风采,中年了有她胖乎乎的风华,现在年龄大了,又有了她胖乎乎的风韵……作为女人,是该有点肉肉的。如果少了肉肉,年轻时倒也过得去,年老了呢?情况可是不容乐观,干瘦只是一个方面,面皮还会黑皱黑皱的,啥时候去看,都如童话故事里的狼外婆一般。

胖乎乎的伴儿伴着尚申三，把曲江南湖走一圈子，走到湖西畔的那方石桌前，会让尚申三歇一歇脚。这一歇，就歇出一道风景来，日复一日，年复一年，到我改变了锻炼习惯，于清晨的南湖西畔，遇上了他们夫妇，就也要围在石桌旁，歇一歇脚了。

这一歇是惬意的，首先是有茶喝，绿茶有绿茶的清香，红茶有红茶的醇厚。尚申三胖乎乎的伴儿，在陪他来南湖练腿前，就都准备好了，先已泡在了玻璃茶壶里，同时还又带上可以续泡的热水瓶，让申三兄练腿练得口渴时，有个非常适时的补水机会。我无缘无故地享受着，知道这都是尚申三胖乎乎的伴儿贴心准备的。就在昨天清晨，因为尚申三的伴儿另有事情，尚申三自己来湖畔练腿。他来时想要拿几块点心的，结果拿成了窝窝头，先自嘲了一番，说他少了伴儿可是不行，弄啥错啥。

申三兄的自嘲是对的，我们在湖畔享受早茶，有他胖乎乎的伴儿照管，是不会干喝的，因为还有他胖乎乎的伴儿准备的茶点，或荤或素，或甜或咸，极为贴心。因此，我们的湖畔早茶，其乐融融，繁华而兴盛，丰富而欢快。

因为这难得的早茶时间，我还认识了一位热爱书法的朋友，他姓高名双喜，一手行楷，写得真叫一个好。每天清晨，他都把前日习写的书作带来几幅，让大家欣赏过了，就铺在桌上，做早茶的桌布。因此我要说了，我们早茶的桌布，该是世上最文雅最奢华的了，使我们啜饮的早茶，以及品咽的茶点，亦平添了一种淡淡的墨香味。

杨小六是条狗，他的主人叫杨小六，他不避讳地也叫自己的狗杨小六。湖畔早茶，尚申三是绝对的男一号，而杨小六则是绝对的狗一号。我要不客气地说，狗一号的杨小六，更多时候，受欢迎的程度，还要高过男一号的尚申三呢。满身黑毛，黑得特别彻底，亮晶晶的眼睛，亮得又特别灿烂，以它狗一号的憨厚和拙朴，立即会吸引来好几只狗，让我们的早茶时光，顿时更活跃、更欢乐。

好像是，并非杨小六主人的尚申三，最得杨小六的心意。它来了，摇着尾巴，都要拱进尚申三的腿裆里，厮磨纠缠一阵……我疑惑何故，尚申三胖乎乎的伴儿说了，说他们家也有一条狗的，取名泰格儿，非常地绅士，又非常地霸道，但是为了"爱情"，于去年11月份，被一位驾驶宝马车的女人，放出她车上的一条小母狗，给诱骗走了。

尚申三伤心他的泰格儿，四处找狗，把赎金都开到了一万元，也没找回他的泰格儿。

不过，泰格儿在为了"爱情"走失前，给尚申三是留下了一个壮举的。那就是，尚申三偶得一刀八尺老宣纸，他把纸拿回来，铺开在地上，想要取出一页来，画一幅泰格儿的肖像。过去尚申三在他的画室作画，泰格儿都静静地蹲守在他的对面，泰格儿凝目尚申三作画，尚申三则凝目宣纸专心作画，这成了他们一人一狗许多年的固定景象。可在此时此刻，泰格儿当着尚申三的面儿，把它的右后腿抬起来，在尚申三翻开的宣纸上，浓重地撒了一泡尿。

泰格儿是向尚申三学习的，画家尚申三泼墨以画，泰格儿就泼尿以画了。

泰格儿把它作画的梦想全都寄托在它这一泡尿上了。尿液在宣纸上迅速漫延着，迅速晕染着，一刀老纸，让狗的尿液，天才地先都涂抹上了一笔。

泰格儿走失了，它涂抹上尿液的八尺老宣还在，尚申三现在作画，小心地来用那刀老宣，都要先用心地领悟泰格儿的那笔泼尿，然后再小心地构图，完成他与泰格儿的合作。

市场上,有人在作假,尚申三可以放心,别人是作不了他的假了。泰格儿泼尿的那一笔,即使再会作假,又焉能作得出?

湖畔早茶,早茶故事,我可能还会再写下去呢。

2016年9月9日　西安曲江

璧润鹄年

戊戌年的春节联欢晚会太不吸引人了。我这不是抱怨央视,而是感谢人家,让我可以在嘈杂喧嚣的热闹里,为我的朋友王润年的著作写序。

这很好笑吧?不瞒大家说,我自己想来都要笑了呢。前些日子,与我交好的王润年把他整理出来的散文集《古原月晓》拿给我,要我为他写个序。可是,因为我正黑汗黄汗地赶写我的一部长篇,故而搁置了些日子。而无聊的春晚,给我腾出时间来,让我能够静下心,在他的文字里感受他"为情所动""为情所钟"的不能自已,体会他"情动于中而形于言"的笔底情趣。

我想我在和他的交往中,可能说过这样的话。我说写作是生命的舞蹈,是灵魂的呐喊,是人生经历的不吐不快,是思想情感的厚积薄发。我所以如此自信,是我很早的时候,与他就有了深入的文字交流。我读过他许多作品,可能那些作品还难说多么文学,却已让我从他的文字里,充分感受到他思绪的海阔天空,以及文字的行云流水,还有随之产生的他灵感的轻舞飞扬和情感的恣肆汪洋。

《寻诗长安》起头,《向岁月致敬》殿后,他的散文集共收集了九十篇作品。我不能说篇篇精粹,却可以说篇篇耐读,很有种慢慢咀嚼的亲切与温馨。这要归功于他的文字了,他的文字是严谨的,虽短而韵味悠长,绝对诗化的那种表述。还有结构,帮助着他的文字,是情景交融的。他描绘春天,而我抬头窗外,看见草地上的冬雪,被他的文字改变成了一幅美丽生动的春的画面。人与景相照,物与情相映,循着自己真实的心灵感受,随随便便就是一篇清新隽永、舒卷自如的妙文,让人深深地感怀。

是的,这就是王润年所要写的文字了。

他开篇都不大,所以只能说是小作。然而小作不小,认真地阅读进去,总有一种哲思在其中,不经意即升华了生活的主题。这就是他的能耐了。自然永恒,人类渺小,微不足道的个人,小而又小,似乎很是无力。

但那是他人，王润年发现了小的妙处，认识了小的可爱，他在小的世界里，以他的一支小笔，挥舞出了他的大情怀，高蹈出了他的大前程。对此我不想多说，我希望有心的读者，能够用心地深入他的作品，自会有自己的见识与感受，自会有自己的见解与感觉。

为此，我要写一幅书法送给王润年。这既是对朋友的一种敬意，更是对朋友的一种欣赏。我紧扣他的名字，草拟了"璧润鹄年"四个字，并以此做了序的题名。

何者"璧润"？简单地说即如璧玉一样润泽。那么又何者"鹄年"？此鹄通鹤，意即人能长寿。而我于此想说，他的文字也是可以长寿的。南朝梁之陶弘景于他的《水仙赋》里云："金自安于蝣晷，编无羡于鹄年。"受此启发，我是也要赠他一副联语的了。

联曰：

璧润挥毫锦绣长，鹄年落墨云烟久。

2018年2月15日　西安曲江

说给故乡

散文最早是熔铸在青铜器上的,所以我要说,散文该是最古老的文体呢。

而我还想说,散文也是种不断焕发新生机的文体。特别是在今天,在一些中青年作家的笔下,散文近些年呈现出一些新样貌,昭示了这个古老文体的无限可能性。其中的张静,即是一位成就突出、不能忽视的散文作家。她身为女性,自然不失女性的温婉,不失女性的细腻,不失女性的惆怅……读她的散文,像吃她擀出来的热干面,像喝她熬出来的玉米粥,像披她缝纫的衣裳,总之是,饱含着故乡的色彩,饱含着故乡的感情,饱含着对故乡的怀念与怀恋。

我与张静同为古周原扶风的乡党。

我感谢老祖先,为我们命名了那么好的一个县名:

扶风。

　　风是可以扶的……想想真的是太诗意了！想想还非常地科学！船帆因为扶风而可以远行，飞机因为扶风而可以高翔。风是动力，风是美酒，风是一切可能。同为扶风乡党，不知张静想过没有，我们都是扶着风离开故乡的人。童年的时候，我们废寝忘食，努力学习，就是为了扶着风远去，离开我们的故乡。我们是远远地离开了，可我们依然热爱故乡。好像是，离开故乡越是遥远，我们越是怀恋故乡；好像是，离开故乡越是久远，我们还就越是怀念故乡。这是我一次回到扶风县城，参加一个文化活动时说过的一句话，还说这是我们做的一件傻事。然而现在看来，傻事不傻，没有那傻傻的远离，可能也就没有我们的对故乡的怀念与怀恋。对此，张静尤为执着，她因为怀念，因为怀恋，而执着地写作，写了许多对故乡痴痴的怀念，还有怀恋。

　　张静说了："昨夜做梦，和一个叫西坡的小村庄说了一夜的话。"她还说："梦里，我是赤着双脚回去的。那条疙里疙瘩的土路硌疼了我的脚心，我却固执地、不停歇地奔走着，一直走到母亲的炕角……我生在那里，长在那里，村西头的打麦场一定会记得我。"

她这么说是对的,打麦场记得她,是因为她没有忘记打麦场。她忘不了打麦场,自然也忘不了西坡村的人和事……"路边水塘里,青蛙的叫声鼓鼓噪噪的,刮过额头的风清清凉凉的。"她有走累的时候,"走累了,我被母亲或者父亲像抓小鸡一样拎起来扔到脊背上,一边走一边讲故事,路有多长,故事就有多长"。

父母的故事感染着张静,丰富着张静,她储存在自己的记忆里,她要用文字说给故乡了。

张静嘱我给她写序的这部散文集,就都是她说给故乡的话。这些篇什可能不是宏大叙事,可能不见黄钟大吕,可能还很平淡,而且质朴,也许正因为此,才更为生活,更具质感,让人读后有种想要拥抱的冲动,让人以为那是自己的曾经,让人以为那是自己的往昔,真实而感人。由此我要说了,散文难道不正应该如此吗?

使平淡的生活,呈现出不平凡的况味。

去年最热的半个月时间,西安晚报组织丝路采风,我和小乡党张静一起受邀参加。因为这一次的机会,我不仅认识了张静,也对她有了更进一步的了解。知道为人女儿、为人妻子、为人母亲的她,有太多要忙的事情。但这有什么关系呢?好像因为家庭,因为繁杂的事情，她更懂得家庭与事业之间的平衡，更懂得人际关系的平衡，并于这平衡中，享受到了人生的大乐趣与小乐趣，视野更开阔，心灵更温暖，写作自然升到了一个大境界。

大年初一的早晨起来，我为我的乡党写下这一段文字，算是对她的新春祝福吧，应该还有期待。

2018年2月16日　西安曲江

记忆

　　记忆是人类心智活动的一种，属于心理学或脑部科学的范畴。《辞海》对此做了进一步的定义，即"人脑对经验过的事物识记、保持、再现的过程"。那些对自己的持论保有话语权的人，对此说更为执着，因此就还解释不停。他们不知道，记忆并不止大脑皮层形成的神经联系，还存在于人的全部肌肉之中。

　　对此我是有我真切的感受的。

　　2010年的秋天，我从西安的纸媒出来三年时间，就侥幸地获得了鲁迅文学奖。我去鲁迅的故乡绍兴，领取了大奖回来，我的朋友为我高兴，吃酒庆贺是少不了的。几人的热闹过去，有位雅兴满身的老兄，没有请我上酒桌，而是胳肢窝里夹了卷宣纸，以及毡毯笔墨，到我家来了。这让我恍而惚之，不知他这是要做什么。可他没怎么让我恍惚，就在我家的桌子上铺开毡毯，在水里润开毛笔，拿只碗倾上墨汁，就要我写书法作品了。我不是谦虚，虽然小时候在父亲的督促下，练习过八年多的书法，但父亲辞世后，我扔下毛笔就再没有写过。几十年时间过去，我现在还能提起毛笔吗？可没有办法，朋友赶鸭子上架一般催促，我捉起笔，蘸上墨汁来写了。

我一下笔先把自己吓了一跳，"耕心种德"四个斗大的字，在我悬着腕子的运筹下，浓墨重彩地泼洒在了一幅四尺白宣上。

朋友的掌声在我耳旁响着，我却思想抛锚，想想人的记忆，原来不仅存在于大脑皮层，还存在于肌肉。身体的每一块肌肉，是都有记忆的。只要用那一块肌肉锻炼过，锻炼了有段时间，只要用那一块肌肉劳作过，劳作了有段时间，那一块肌肉都会毫不走样地记忆下来，并一直记忆着。到你要用的时候，哪怕十几几十年间，你没有那样的锻炼与劳作，你依然不会生疏，你的锻炼和劳作在你的肌肉记忆里，你做就是了。我在朋友面前捉笔写书法即是这样，几十年没摸过毛笔，提起来就能运转，不仅朋友鼓掌，我自己也看得见，是还有我当年练习书法时的模样。

冯兆龙是我朋友，我们最初相识于新闻圈，那时我主持西安日报社工作，他在碑林区宣传部做宣传干事。此前他在农村待过，后随父母进了西安城，再后来还入伍参军，用他自己《乡情是棵常青树》里的话说，"走南闯北去过无数地方"。正因为走的地方多，见识的事情多，心存文字情感的他，拿起笔在稿纸上撰写新闻，刚一起笔，就非同凡响。这是我与他初识时最为强烈的一个印象，可以说，他在碑林区宣传部宣传干事的岗位上，为他们区的形象宣传，是做出了大贡献的。就在他把区级宣传工作做得顺风顺水的时候，我还在西安日报社的负责人岗位上坚守着，却突然地有段时间不见他来送新闻稿了。我疑惑他是否生病，打电话询问，才知他转换了新岗位，从宣传部调到区城中村改造办去了。他在那里工作了一段时间，依然放不下他热爱的笔，为他们区的城改工作写了篇《拆出一个新碑林》的通讯稿。许多年过去了，我离开西安日报社也已十年有余，还能记得他的这篇通讯稿，都在于通讯稿的题名是惊人的。我忘不了看他这篇通讯稿时的心情，起初有些讶异，还有些吃惊，可是看到文尾，我释然了，以为他真能出新，把一个敏感的新闻题材写得不仅文采斐然，而且温暖备至。

有着对冯兆龙文字能力的这样一种感受,到近来他把一本《珍藏心底的记忆》书稿拿给我,我是一点都不奇怪的。而且又还觉得,他是早该有一部书出版的,现在出似乎还晚了点儿。

我私心想着,把他给我的书稿看下来,看了个遍,发现他所以没有早出,是因为他太认真了,其中许多篇章,他是早都写出来了,只是他要精益求精,改了再改,改到他自己满意了,这才来出。对此我是欣赏的,一个人做事情,特别是文字上的事情,就必须有他这一股子精神才对呢。

他有心记忆,并且把他的记忆付诸笔端,是有一个基本的心理发酵过程的,不如此就无法表情达意。看得出,冯兆龙做好了这一功课,他把他的记忆发酵得如同酒曲一样,然后蒸馏成酒,让我每读一篇,就收获一篇的醇香一篇的醉。

好了,我不再说了。我向大家推荐冯兆龙的记忆,也是想要大家如我一样,感受他记忆的醇香与醉。

2017年9月15日　西安曲江

纸上友谊

最坚固、最牢靠的东西是什么?

我能想到的有钢、有铁、有石头、有砖头……然而钢会生锈,铁会生锈,以至慢慢销蚀。石头和砖头呢?似乎也成问题。我生活的西安历经了两个强盛的朝代,一个是汉朝,一个是唐朝。这两大王朝,各自动用强大国力,分别建筑了一座规模庞大的长安城。文字记载,不论汉长安城,还是唐长安城,在夯筑的时候,不仅土夯了雄伟的城墙芯,还用砖石,为城墙砌筑了厚厚的包皮。我们可以想见,对于国之都城,无论统治者,还是老百姓,都是想尽办法,用尽力量,要筑成一座坚固牢靠的不朽之城的。可是结果怎么样呢?我们今天还看得到原来的汉长安城和唐长安城吗?

砖包石垒的汉长安城早就成了一片废墟,砖包石垒的唐长安城也早就成了一片废墟。

如此说来，砖石也是很不坚固，很不牢靠的。

这让我很是失望了。我失望着，突然想起我曾经在一篇短文里写过的事。那是我还生活在故乡的时候，手上有了点小权，就在村上不可一世地乱发脾气。一次拉铡把铡草，村里我叫九伯的老人喂草，歇下来吃烟的时候，老伯问了我一句话。他说："人的牙硬还是舌头硬？"我听出九伯问话的意思，就没有回答他。不过我心里想的是：舌头怎么能和牙比？牙咬钢嚼铁，舌头算什么？九伯没有看我，把他的嘴张开让我看，要我看他嘴里的牙。我看了一眼，发现九伯嘴里的牙差不多掉光了！我心慌了，而九伯又不失时机地伸出他的舌头，给我说，他原来以为牙是硬的，舌头是软的，可是，牙没有了，舌头还在。

九伯当年现身说法，说给我的话，言犹在耳，什么时候想起，我都觉得心慌心惊。

这使我知道，一切表面看起来坚固、牢靠的东西，其实并不一定坚固、牢靠，倒是那些柔软的物事，反而非常坚固、牢靠。譬如我们的舌头，还有我国历史上四大发明中的纸张。2016年9月23日下午，在曲江贾平凹文化艺术馆,马永庆先生为自己的新书《千酒百友》组织了个研讨会,我作为主持人,认真地听取了每一位发言人的讲述,到最后总结研讨会的成果时,我的大脑里,蓦然生出四个平时怎么想也想不出来的字。

这四个字是:纸上友谊。

现场的气氛和现场的表现,还有我内心的活动,催生了这四个字。在那一刻,我回想大家的发言,回想我们西安曾经盛大的汉长安城、曾经繁华的唐长安城,砖石的城墙都不见了,但写在纸上的汉长安城和唐长安城,还都坚固、牢靠地盛大着、繁华着。

《千酒百友》一本纸书,马永庆先生写了一百零四位他的朋友,我认识的就有王宽、武强、李娟等,不下二十个人,自然我也有幸钻进了他的书里,成了他纸上友谊的一分子。

此前,马永庆先生已出版了《酒趣禅缘》《随心》《醉庐淘禅》三本书。较之前三本书,这本书要纯粹一些,都是写人的,而且也都是以酒为媒,写起来要困难得多,没有点儿独特的艺术视角,没有点儿独特的认识能力,是断难写出那一百多个朋友的。我因此还想起《水浒传》,其中的一百零八位豪杰,耗费了施耐庵多少精力。马永庆没有去凑那个数,他写了一百零四位酒友,其所投入的情怀和情感,同样消耗着他有生以来的生活积累,以及生命的、生趣的积累。我知道他还要写下去的,可能再写一百零四位酒友,如此浩大的纸上友谊,我不好再说什么,唯愿马永庆先生和他的纸上朋友,如纸一样不朽,如纸一样生动。

受马永庆《千酒百友》的启发,我把我写给朋友的文章也在电脑里整理了一下。让我吃惊的是,竟然编辑了两本书,我给一本起名《知交》,另一本起名《知遇》。我同样期望,进入我书中的朋友,亦如进入马永庆《千酒百友》的朋友一样,让这种纸上的友谊,坚韧可靠,万古长青。

有几年了,武强兄建议我:"把自己送给朋友。"

我有什么可以送给朋友的呢?把我的肉割下来吗?血淋淋的,朋友未必要。那么把我的头发扯下来吗?朋友都有自己珍藏的青丝,我怕给朋友惹事。我知道武强兄的用心,并受他的鼓励,我用我喜欢操弄的笔墨,为朋友写了数百幅书法作品。我可以自豪地说,这些作品是独一无二的,全是我给每一位朋友的即兴创作。我怕我的创作,还难说精到,在引经据典的同时,还要附上一副对联。那些对联，有一部分是我的创作，有一部分则借鉴了前人的智慧，把传统既有的对联略作改动，写出来送给朋友。

我开心的是，在一些朋友的家里，或是他们的办公室里，赫然悬挂着我写给他们的书法作品。这对我，不啻是种鼓励。

我要把我的这些书法创作出版出来，让我们的友谊鲜活在书中，永续在纸上。

2016年9月24日　西安曲江

城里的娃与乡下的娃

回到乡下的姥姥家,女儿欢喜得不得了,打电话叫了几次都不回来。小侄子进城来住了几日,也是欢喜得不得了,他爹来了一次,他妈来了一次,都没能把小侄子领回去。

这使我感到一种莫名其妙的困惑。不是说城里的娃需要体验艰苦,需要在乡下接受一点儿生活能力的锻炼吗?不是说乡下的娃需要开阔眼界,需要在城里来点儿挑战命运的锻炼吗?可是回到乡下的女儿并不以乡下的艰苦为艰苦,来到城里的侄子并不以城市的竞争为竞争。姐弟二人,一个在城里住得久了,倒好像特别适应乡下,一个在乡下住得久了,倒好像特别适应城里。这么交叉地住了一段,在乡下的弟媳忍不住思子之情,又跑进城来,把极不情愿回乡下的小侄子拖回了乡下。妻子也是，熬不住想女儿的心情，也跑回乡下，坚决地把女儿拖回了城里。

看到女儿的第一眼，我禁不住乐起来，发现白白胖胖的女儿，黑了也瘦了，嫩生生的皮肤上有蚊子叮的疤，也有跳蚤咬的疤。女儿也特别地乐，说她这个暑假过得太有意义了。

蚊子叮，跳蚤咬，却还让女儿这么高兴，我的确有点儿意外。我取来了风油精，在蚊虫叮咬的地方涂着抹着，揉着搓着，听女儿的一张小嘴叽叽叽叽地说着她在乡下的开心事。

女儿说她结识了几个好伙伴，她给她们讲互联网和互联网上的种种新鲜与稀奇，还给她们讲动物园里的老虎狮子熊、斑马羚羊鹿……听得伙伴们瞪大了眼睛，一惊一诧的，让她有机会带她们进城里来，也见识见识。伙伴们都围着她转，教她玩跳房子、弹九宫等等游戏，还带她去庄稼地里掐野菜、挖猪草，她现在认识了许多野草，荠荠菜、麦禾萍、刺丁芽掐回来吃，夫子蔓、胖婆娘、狗尿苔挖回来喂猪。有一回把手指尖割了一条血口子，伙伴们掐了一些刺丁芽的叶子，在手心揉碎了，揉出绿绿的汁水来，敷在伤口上，血止住了，疼也止住了。乡下的伙伴可勤快啦,像她一样大的,差不多都会做饭,还有会剪窗花会绣花的,手可巧了。女儿说着还把乡下伙伴送她的礼物取出来,一一展示,窗花和绣花透着乡村的质朴和乡下娃的淳朴,没有一样不可爱。

妻子却在一旁问话了:"乡下的娃不做暑假作业了?"

妻子又问了:"乡下的娃不上补习班?"

女儿回答:"不上。"

妻子就很不理解,大睁着眼睛看女儿。女儿看出了母亲的疑惑,跑过去抱住母亲的脖子,告诉母亲,乡下的孩子不上补习班,也没有补习班可上,她一个伙伴的爸爸就当着乡村中学的老师,暑假待在家里,也是一个忙,但不是忙着办补习班,而是侍弄着家里的责任田。

女儿把她带回乡下的暑假作业都拿了出来,一页页翻着让她的母亲看,居然全都做完了。

我的妻子是个挑剔的人,拿过女儿的暑假作业,先数学,后语文,再英语,看得十分仔细。看完了,脸上虽没笑出来,但在一旁的我和女儿还是感受到了她的满意。

妻子把女儿的暑假作业放在一边,很严肃地对女儿发号施令了。说女儿在乡下疯也疯了,狂也狂了,回到城里来了,心也该一起收回来了,上补习班去。妻子说她都打听好了,和女儿一个学校一个班的同学,在城里没有不上补习班的,人家都补了一段时间了,咱不能落下来,要补上去,咱不能落在人后!

女儿的嘴噘起来了。

噘嘴不影响她母亲的决心。女儿第二天就上午数学,下午语文,晚上英语,像几乎所有城里娃一样,匆匆忙忙地赶着补习班的场子。

我杞人忧天地想着从城里回到乡下的小侄子,他会给家里说些什么呢?

我没法想象娃娃们的体会和感受。过了些日子,学校开学了,女儿还惦记着乡下的日子,不断地会和为父的我讨论些什么。终于有一天,女儿放学回来,说她们学校联系了一批乡下娃,和她们结对子,互帮互学,她报了名,分配给她的是一名快要辍学的贫困生。女儿说着,把她积在一头瓷猪储蓄罐里的钱哗啦啦全倒出来,数了一遍,也就七十多元的样子,便很沮丧地央告她妈妈,说她以后不吃冰激凌,不喝饮料了,攒下钱还她妈妈,让妈妈提前借她一百三十元。女儿说,二百元就能使一个乡下辍学的娃再进学校学习,她不能不帮。

城里的家不都是富裕户,我的手头就常很拮据,可看到女儿会关心他人，心里还是很高兴的，便鼓动惜钱但不吝啬的妻子，取了一百五十元，交给了女儿。

又过了些日子，女儿又兴奋地向家里报告，她们学校邀请结对子的乡下娃来城里过队日，她结的那个对子也要来，在城里要住一个晚上，她希望最好就住在家里边。

女儿决定了的事，我和妻子没有反对，几天来跑出跑进地准备着，给女儿的乡下对子买了文具盒，买了书包，本来还打算买一身衣服的，妻子却从女儿穿过的衣裳里挑了几件，都半新不旧，颜色也还鲜艳，就打了包，和书包文具盒放在一起。当然，我们还买回了一些好吃的好喝的，单等女儿的乡下对子来家了。

盼望的这一天终于到了，妻子请了假，在家里认真地准备着，我打的到学校把女儿和她的乡下对子接了回来。在出租车上，我心里就打起了鼓：女儿的乡下对子，穿戴上不像个贫困农家的娃娃呀，身上的衣裙，都是有牌子的，城里的娃都很少买了穿。我不自觉地汗颜起来，觉得女儿穿过的放在包里准备送给对子的衣裳，是怎么也拿不出手了。车到家门口，我掏钱付车费时，女儿的乡下对子迅速地把准备在手里的钱递给了出租车司机，这下更把我弄了个大红脸。女儿在一边也瞪大了眼,女儿知道,我是第一回打的接她回家,钱却让她的乡下对子掏了,同样地感到很不好意思。女儿从我的手里拿来出租车费,硬给乡下的对子还,两个人拉扯了好一阵子,乡下的对子才接了钱。

餐桌上,妻子的准备不可谓不丰富,有鸡有鱼,有荤有素,搭配得也不可谓不合理。香喷喷的菜端上来了,泛着气泡的饮料也倒满杯了,端起来"砰"地碰了一下,女儿喝了一口,女儿的乡下对子小抿了一下,大家就吃起饭来。妻子把鸡腿撕下来,女儿一个,女儿的对子一个,妻子把鱼的脊肉剥下来,女儿一片,女儿的对子一片……我看见了,妻子也看见了,女儿狼吞虎咽吃了鸡腿,吃了鱼脊肉,而女儿的乡下对子,吃得特别小心。妻子就在一边说了:别客气,来了就像在自己家一样,该吃就吃,该喝就喝。女儿的乡下对子倒是真不客气,浅浅地笑着说,她在家天天都有鸡和鱼吃,都有饮料喝,可乐呀,雪碧呀,喝得她对爸爸妈妈都有意见了。她说她听说了,饮料喝多了会发胖,鸡鱼吃多了也会发胖呢!

其实,家里平时很少给女儿买鸡鱼吃,买饮料喝的,倒不是怕把女儿吃胖了喝胖了,而是精打细算,家里还没有那个经济力量。

女儿的乡下对子，实在让我糊涂了，是夜和妻子躺在床上，讨论了一夜，也没法相信女儿的乡下对子是个曾经快辍学的贫困生。

女儿帮我和她母亲解开了其中的谜。她在被窝里才知道，和她结对的乡下娃这次没有来，来家里的娃家庭并不困难。她的爸爸是她们那里的一个乡干部，在县城盖了一院房子，母亲是县医院的一个医生，收入比她爸还高。她们家不缺钱，什么都不缺，她是县教育局选拔来城里过队日的，教育局的领导带队也来城里了。

领导们告诫她们不能丢了乡下人的脸。

我无言以对，觉得城里娃和乡下娃，也许有着这样那样的差别，但有一点是没有差别的，即新鲜好奇，诚实纯洁。

这应该是城里的家长和乡下的家长所要认知的，别因为我们家长的问题，而影响娃娃们的健康成长。

2004年4月23日　西安后村

城里的草与乡下的草

"宁要社会主义的草,不要资本主义的苗。"这句曾经十分流行且十分霸道的口号,在我看来,其实不然,要具体问题具体对待。就说这草吧,长在社会主义初级阶段的城市里,还真是宝贝得了不得,不仅是要不要的问题,而是怎么样呵护养育的问题。长在社会主义初级阶段的农村,草的身价大跌,命运也是非常凄惨,一般都要被连根铲除掉,一次不成,两次,两次不成,三次……直至彻底铲除而后快。

城里的草与乡下的草就这么不一样。

暑热难熬的傍晚,我在家里待不住,很随意地出了门,到西安城的南二环草坪散步,就有看护者身穿橘红色鲜亮的衣服,指着我大声呵斥别踩踏草坪。我没有不听指斥的理由,很抱歉地朝看护者笑笑,自觉自愿地退了出来。在草坪旁边的人行道继续散步,这就发现了几块用红油漆书写的木牌,赫然地插在草坪上。我仔细去看,发现草坪被划分了责任区,有专门的人服侍,有专门的条款约束。像我踩踏的草坪,就在禁止之列,如果不听劝阻,还有高额罚款等着你领受。

负责服侍草坪的人多为乡下进城务工的农民。

我看责任牌上的条款时,便听得附近两位服侍草坪的民工在对话。

年老的民工说:"乡下农田的草铲也铲不尽,城里草坪的草怎么服侍都长不旺。"

年轻的民工说:"乡下的草贱么,城里的草贵么。"

年老的就摇起了头:"草和草的命也不一样。"

年轻的说:"你以为呢。"

两个来自乡下的人,很小心地服侍着他们责任区的草。草长不旺引发的对话,让我大吃一惊,感觉他们说出了一个让人心痛的社会现实:城乡差别还根深蒂固地存在着,城里草与乡下草的不同命运,难道不正是城里人与乡下人的不同生活处境吗?

两位民工的对话还在继续,只是话题稍稍有些改变。

年老的说:"在乡下,咱一个人就种着七八亩的农田,在城里,咱两个人才服侍三亩草坪。"

年轻的说:"可不是吗,乡下的地收了麦子种玉米,一年不得闲,绿了,黄了,再自然不过了。咱在城里服侍草坪,一年四季一个样,只是个绿,绿得人心慌。盼着草长旺一些,像麦苗、像玉米苗一样,高高地长起来,可是不行,长高了还要动用剪草机,齐茬茬剪一遍,不让你长高了,也不让你长低了。"

年老的就说:"照你的意思,城里的草倒是很委屈了。"

年轻的就说:"那你说是不是呢?"

我听着听着不禁笑出声来,就此打断了两位服侍草坪民工的对话。

我觉得两位民工说得太有理了,长在城里的草,其实也是很无奈呢。城里的草除两位民工哀叹的不能长高、不能长低的委屈外,还无时无刻不被连成片儿的汽车尾气熏染,被其他我还不甚知晓而确实存在的有害物质污染。乡下的草就不同了,如果不是长在庄稼地里,尽可以由着性子长,能长成什么样子就长成什么样子,而且自然地,也会呼吸到弥漫在乡野之中的新鲜空气。

当然,城里的草不能因为这一点而自卑,养尊处优的城里草,还是有太多乡下草所不及的优越性。有一本账搁在那儿，粗算一下，城里的草就会骄傲得翘起屁股来。我居住的小区楼下，有一块两亩地的草坪，物业公司种植时就先花费了数万元，之后长期委托一家绿化公司养护，晴天几乎是每天喷淋一次，每周打一次药，每月施一次肥，隔三岔五除一次杂草或者很讲究地修剪一次，还有补种、梳理等工序。问了一下物业，竟轻描淡写地告诉我一年的养护，也要数万元的样子。

乡下的草有这样的待遇吗？没有。

乡下的苗也难有这样的待遇。西安城周边的农村，一年两季，秋种小麦，夏种玉米，两项相加，一亩地一年的投入也就是种子、化肥、农药等，大约在二百六十元左右，加上农民计算成本时不习惯加进来的工夫钱，最多也超不过四百二十元。可农民的指望就在上面了，不仅要养活自己一家老小，还要缴纳这样名堂那样名堂的费用和提留。乡下的苗也仅享受到城里的草几十分之一的待遇，何况草乎？

我现在也居住在城市里，知晓城里的草也不是白养的，它要以其柔弱的身骨，改善城市的环境，调节城市的气候，让人眼中有绿，保持良好愉悦的心情。在水泥砖石堆砌起来的城市森林里生活的城里人，是太需要绿草的点缀了，这是一种更高层次的精神需求和文明需求。

我对此无话可说。然而，在城里的草让城里人赏心悦目的时候，从事新闻工作的我领到了一个采访任务，顺便到乡下跑了一圈。因为北方地区干旱，我出城时，看见城里的草坪都在人工地施行灌溉，而出城以后，满目都是焦渴的庄稼和干黄的野草，我悲哀地在采访本上写下了这样一首打油诗：

早日起炎风，田亩皆枯焦。

河中起飞尘，野田草无生。

一样的草，在乡下与城里就是这么不一样，这不是草的问题，是人的感情差别。乡下人把草看得很平常，你长在庄稼里，我就除掉你，你长在荒田野坡上你就自由地快乐地长吧，风吹雨打，雪压霜欺，你还是你；城里人就把草看得很宝贵了，如同养在家里的猫儿狗儿，已然成了心尖尖上的宠物。

我知晓这样一个客观存在，心有不平吗？口有怨言吗？都无济于事。城里的草与乡下的草还得这么继续不同下去。

2004年4月20日　西安后村

城里的雨与乡下的雨

从乡村走进城市,在我也有二十几个年头了。我生活的西安,是个比较干旱的地方,城市居民用水,一是来自秦岭黑河水库的地表水,一是来自渭河以及浐灞两河之滨的深井水。这样的水,都是有限的,而被乡村人称为"无根之水"的雨水,对于城市来说,似乎并不怎么重要。天旱了,天涝了,城里人是不愁吃水的,便是长在城里的花草树木,因为有人打理,天旱了,有专人拉水浇灌,是不愁被旱死的,倒是天涝的时候,有被雨水淹死的危险。

城里人说了:鱼是喂死的,花是浇死的。

此说不谬。水多了,草木的根系会烂,烂了就会死掉,这是再正常不过的事呢。所以城市是不需要大水的。然而雨并不以城里人的意愿为意愿,该下的时候还是下，稍下大点，城市就是一片灾难。最突出的表现是，城市的交通不顺畅了，疙疙瘩瘩，到处堵车。最严重的时候，城市的一些低洼地方，水涝成灾，房塌了，楼倒了，以至有人遇难。这从新闻报道中，都可以看得到。

那么乡下的雨呢？这种被老百姓称为"无根之水"的雨水，其珍贵程度，正如谚语所说："春雨贵如油。"乡村生活中，雨水就是如此重要，特别是在一些水利设施建设相对薄弱的地方，老百姓是要靠天吃饭的。干旱是乡村社会的最大灾难，天不下雨，地里即颗粒无收，没有收成，老百姓只能饿肚子了。随便一个地方的编年史，看得到的灾难，多是干旱一类的记载。

我生活过的乡村，在古周原扶风县，差不多就是靠天吃饭的。个别的地方，不仅庄稼要靠无根的雨水来润养，便是人畜用水，也是要靠无根的雨水来解决了。

天度镇的杨吉岭，有我的亲戚在那里，他们那儿没有河流，没有泉眼，向地下掘井，几十丈地掘下去，依然见不到水，他们就只有饮用无根的雨水了。然而无根之水，来也匆匆，去也匆匆，如何收集，就成了一件天大的事。聪明的祖先，很早就发明了水窖收水的方法，所以家家都要为了生计，给自己家打一眼水窖。打水窖是个技术活儿,不是随便向地下掘进,打出一眼水窨就能用的,还有一项艰巨的钉窨工程要做。

我的亲戚家分门立户,分出去的一户,要打一眼新窨,我被叫去帮忙。打一眼口小腹大的水窨没怎么费劲,三两天就打好了,而钉窨则用了多半个月。

这是水窨可以蓄水的关键。把一根百年的酸枣树干砍削成镰把粗的木钎,在窨底和窨壁上,像是钉梅花桩一般,钉出一个一个的窟窿眼儿。这种窟窿眼儿可不能浅了,差不多得有尺把深。然后把早已准备好的红胶泥搓成与窟窿眼儿一般粗的泥杵,插进窟窿眼儿,再用一个百年酸枣木做成的木槌,一直捶打、捶打、捶打……确信红胶泥完全钉死在窟窿眼儿里了,这才作罢,然后去捶打下一个泥杵。

所以要用酸枣木做的木钎,所以要用酸枣木做的木槌,是因为祖先传说,酸枣木有镇水的功能。

所以要用红胶泥泥杵填塞钉出来的窟窿眼儿,还是因为祖先传说,红胶泥最为收水。对此我深信不疑,乡下孩子,小时都有玩泥炮的经历,黄泥的泥炮,就不如红胶泥的泥炮收水,即便摔在地上的炸裂声,也是红胶泥的响。不过,钉窨的红胶泥用量很大,要到村外深深的土壕里，搜取其中的红土层，来来回回拉八九车，碾碎拣出其中的礓石，兑上水，搅拌均匀，醒上两日，再用拇指粗的钢条，一遍遍抽打，抽打得又筋又细，才好搓成泥杵，来做钉窖的材料。一眼可收一家年用的水窖，要钉多少泥杵才好呢？那实在无法计数，密密麻麻，差不多一个泥杵挨着一个泥杵。这么钉过的水窖，收进来的无根水，才像有了根一般，滴水不漏地收藏在水窖里了。

水窖的窖口，不是砖箍，就是石砌，高出地面半尺来高，都要装上窖盖锁起来。

我回想着水窖口，对照的是城里布满大街小巷道沿跟儿的雨水口。铸铁箅子的雨水口，如收纳无根水的水窖口一般，承接的都是雨水，然而城里的雨水口每每把纯净的无根水都化作了废水，而乡下的水窖口，把无根水都收纳为造福人畜的饮用水。这个差别是太大了，能不能有所改进，还真值得我们思考。

当然，无根水有时也会泛滥成灾，无论城市，无论乡下，都在所难免。好像是，这些年的水患，比之过去还多了许多。这是为什么呢？是现在的雨水比过去多了吗？科学的数据在网上一查即知，现在的雨水不仅没比过去多，而且还在逐年减少。为此我就想了，我们人为了自身利益和欲望,向天伸的手太长了,把天给欺了!

人是不可以欺天的。人若欺天,天必欺人;人不欺天,天不欺人。这个理可还成立?

2015年12月16日　西安曲江

城里的雪与乡下的雪

又是一冬无雪,却赶在省政协召开一年一度的全委会前,于夜半时分,悄悄地下了一场大雪。我回想了一下,过去的几个年份,同样是一冬无雪,而且同样是,赶在全委会召开之时,会飘落一场大雪。这让我不期然地有了一个启发,雪是有感情的,它赶在这个时候来,可是也要一诉衷肠,表达它对社会生活的一种意愿。

我没有别的理由,我就只有这么猜想了。

会议报到的日期是1月22号,这天下午,我先受浐灞新区邀请,参加了那里的一个"送文化到社区"活动。活动现场是露天,我尽管加了很厚的棉衣,却还是感到寒风刺骨般冷。我被主持人请上红毯铺就的活动台致辞,我没有掩饰天气的寒冷,我说因为降雪,天气变得特别冷,但我相信大家的心和我的一样,都是热的,这仍然是因为降雪。瑞雪兆丰年，这一场雪带给我们的，可以预期，来年日子会更好。我这么说，大家为我鼓了掌。我感觉得到，那掌声不是应景性的，而有着一种共鸣性的快乐。怀着这样的心情，我乘车到丈八宾馆报到，探头玻璃窗前，我看见夜里的那场雪，被人为地扫到路边，或是堆在行道树坑，有些兴致高的人，还用积雪堆起一个一个雪人。最感人的，是位很有艺术才华的人，利用路旁绿化带里一棵树的形状，堆起一对恋人般的雪人。他们双腿交错，双臂拥抱，嘴对着嘴，仿佛未穿衣裳的一对裸体人儿，拥吻在稠人广众之中，接受寒风的洗礼。

我的眼睛在划过这对恋人雪塑时，心里是有一乐的。

我所以要乐，不在于雪塑恋人的裸露，而在于他们赤裸身躯的污染，黑麻麻的，像是被谁泼了脏水一般。不只是这对雪塑的恋人，西安城大街小巷里堆积的雪人或是残雪，无一不与雪塑的恋人一样，沾染上了城市所普遍存在的污染。这让我在社区文化活动现场获得的好心情，顿然消失得无影无踪。我在心里叹息了一声：城市不待见雪。

多年城市生活，我看惯了雪落城市的情景。如果雪小，才落下来，是在大街上，会被汽车的轮子碾得脏污不堪。如果是在人行道上，则会被熙熙攘攘的人群，践踏得污秽纷乱。如果雪大，就是我一路眼见的形貌。我不知这是雪的无奈，还是城市的无奈。总之，繁华喧嚣的城市，是不怎么待见洁白如玉的雪花的。

报到后还有时间，与我交好的武强兄早晨驱车秦岭北麓踏雪，拍了几段视频，还有几幅图片，发到了我的手机里，我翻着看了，觉得山野里的落雪美极了。我搜索枯肠，想要找出几个词儿形容一下，却急忙中找不出来。因此顿悟，美的东西是没有词儿能形容的，而且也不需要形容，美就是美，就是美的模样。我这么想着的时候，武强兄与我仿佛心灵相通似的，驱车来到丈八宾馆，打电话给我，问我可有时间去秦岭北麓踏雪。我没有犹豫，迅即从我入住的楼里出来，脚步如飞似的走出大门，上了武强兄的座驾，一路向南，去了秦岭的北麓。

我必须说，城里的雪与乡下的雪，差距真是太大了！

雪落城里，会被城市迅速地污染和糟践，而落在乡下呢，就会以雪所有的姿态和本质，平铺在田野上，斜摊在山坡上，甚至十分得体地悬挂在树枝上，洁白晶莹，接天连地，不见尽头……武强兄驾车在半道上，于一家堆着雪人的农家乐，给我们预定了晚上要吃的搅团，接着便马不停蹄地去了沿山公路边的景观林带。他清早的时候，就来过了，不过不是我们一起来的地段。他说他不仅在雪地上走了一行清晰的脚窝，还在雪地上打了几个滚儿。我从车上下来，就迫不及待地踏上了还未有人走过的雪地。这里的雪太厚了，浅的地方有四十公分，厚的地方六十公分以上。在我的记忆里，西安地区十多年了，就没下过这么厚的雪。这太叫人高兴了！我高兴的举动，就是不管不顾地踏着雪，直到走离公路，走到景观带里的一排曲曲折折的长廊前，这才停下来。回头来看那深深的脚印，却突然生出一股不好意思来，觉得自己是个心存破坏欲念的歹人，怎么能把自己从城市带到了乡下的臭脚脏脚踏进这洁净的乡村雪地！

作为城里人，污染践踏城里的雪还罢了，咋还到乡下来，污染践踏乡下的雪呢？太不应该了。

我正懊恼的时候，有着高超摄影技艺的武强兄，拿着他的手机给我拍照了。我感受过他手机拍照的奇妙。就在前些日子，他和我去书院门一家名叫"花灶"的小馆子吃饺子，吃了后看见对面是一家与"花灶"一样小巧的制衣作坊，从橱窗悬挂的几件成衣看，他们的制衣手艺，坚守着中式服装的传统。这便引起我俩的兴趣，才出"花灶"，就又抬脚进了"制衣坊"。我看见一面窄窄的墙壁，层层摞摞，都是卷成卷儿的布头，花红柳绿，煞是晃眼。我建议武强兄拍一张照片看看，他用的还是手机，借着屋顶的一盏射灯，把布头卷儿拍了下来。因为那束射灯光的作用，他手机里的成像，是一幅完全不同于拍摄物的作品，仿佛一处幽邃的玫瑰谷，让在场的我俩，以及后来看到这幅摄影作品的人，无不讶异称绝。是可谓，真艺术不在物象，而在意象。有些摄影手段的武强兄，给我来拍赏雪照，又能拍出什么景致来呢？

我在期待。

咔嚓，咔嚓。两声轻响后，武强兄把他拍摄的我，拿到我跟前让我看了。近景的我，两条腿几乎全部埋在了雪窝里，我像堵黑乎乎的碑石，直挺挺地屹立在茫茫雪野里，好不怆然，好不肖然，让我一时都要怀疑，那还是我吗？这是不好怀疑的，那的确是我，漫天遍野雪的衬托，让俗不可耐的我，一下子有了脱胎换骨的变化。我喜欢我的这张照片，我让武强兄转发到了我的微信里。

就在我俩动身要离开雪地时，武强兄再次举起了他的手机，不过这次他没有拍我，他拍摄的是远处一对人儿。那对人儿，男孩儿该是个摄影师了，而女孩儿就是写真的对象。勇敢的女孩儿，受到了雪的诱惑，她不惧雪寒，把自己脱得一丝不挂，一会儿躺在雪地上，摆出这样那样的造型，让摄影师男孩儿拍，一会儿又站立在雪地里，摆出这样那样的造型，让摄影师男孩儿拍……他们是忘情的，而且还都非常忘我，好像这乡下的雪野，就只他们两人，是他俩纵情欢愉的天然园囿。

我把脚从深深的雪窝里拔出来，拔出来了，却不忍再踏下去，我怕再次踏在雪地上，雪会疼痛。因此，我找着我踏雪而来的脚窝，艰难地退回到公路上。便是这样，我依然心绪难平，直到坐在农家乐温暖的大厅里，吃起同样如雪一般洁白纯净的搅团，我才对我踏雪的过失，有了些许原谅。

2015年12月12日　西安曲江

城里的狗与乡下的狗

看家守业，助威狩猎，应该是人类养狗的一个初衷。到如今，这个初衷在城里有了大大的改变，养狗只是为了观赏，为了宠爱。当然，乡下的狗没有这份福气，其职责还是原来那个职责，待遇还是原来那个待遇，永远都是那么一个破烂狗食盆，永远都是那么一些剩菜剩饭。生活待遇的低劣，一点都不影响狗与乡下主人的感情，也不要绳拴，也不要索拿，自由自在的乡下狗，白天的时候，可以村里村外地转悠，碰得巧，能觅到一堆小娃娃的热屎，三口两口吞进肚子，便已十分满足，到日头落山，自然地转回家来，履行它神圣的职守。是啊，在乡下，尤其是在偏远一些的山区村庄，家里养条大狗是绝对必要的。

城里的狗也许不懂，忠于职守的乡下狗，怎么能忍受那样的清贫，那样的荒寂。这就是城里狗的少识见、少阅历,它不知道因为生活在城市里,它都丧失了多少狗儿应该享受的快乐和风光。

乡下的狗没有多少约束,充分地享受着大自然给予这个世界的阳光和雨露。广阔的田野是它们的舞台,花花草草,小溪河沟,一阵子枯了,一阵子活了,四季流转,它们可以无拘无束地嬉戏取闹,还可以自由自在地恋爱生子。"二八月,狗连帮"(发情期),一对对的狗儿,追逐着,吼叫着,尽情地发泄着爱情的狂热。为了争夺配偶,狗儿们也会撕咬起来,绝对真实的撕咬,头破血流也在所不惜。狂热的结果,在两个月后,就会有一窝小狗崽来到世间。

冬日里的一天,我们一行三人去渭北原上采访,远远看见一群狗儿,在残雪花白了的麦田里飞蹿奔突。狗群里有黄色的、黑色的、白色的,各色各样的大狗,还有白色的、黑色的、黄色的,各色各样的小狗,全都机警地巡视着田野,一会儿跃上土坎,一会儿又钻进玉米秆堆,出来时,嘴里便会叼着一只活蹦乱跳的野兔。逮着野兔的狗儿并不为解自己的馋,只和野兔玩儿,叼一阵放开,让野兔再跑,它们再去追。如此三番,直到有人跟来,狗儿便会殷勤地把猎获的野兔奉献给主人。

自由的乡下狗，让城里的狗羡慕了吧。

只要城里的狗还没有被人宠坏，它们一定也会渴望自由的，但它们肯定都已被人宠坏了，它们已经不知道自由为何物了。说得刻薄一点，城里的狗已基本丧失了狗性，剩下一点可怜的本领，就只有在主人跟前摇尾乞怜，撒娇邀宠。

城里的狗如果还有一点廉耻，不知道会为自己的行状羞成什么样子。还好，它们在城里已经活得习惯了，它们或许还会为自己的邀宠伎俩而骄傲呢。这从城里狗所享受的生活待遇上立见分晓。说一句没人爱听的大实话，现在城里的狗，吃喝用度，比许多贫困人口的生活水平都要高。爱犬是家庭成员之一，主人去超市购物，一半为人服务，一半为狗服务，宠物狗的生活用品成了超市必不可少的货物。偏偏那小东西很有灵性，与主人（尤其是女主人）心灵相通，情感相融，有许多三口之家，养了狗以后，不出几日，男主人大都要自嘲地说他又退后一席，成为家中的四把手。

城里人为狗可真是舍得花钱，生意人看准了这一新兴产业的高额利润，纷纷上马宠物服务店，狗食狗饮、狗穿狗戴不消说了，狗医院、狗学校、狗美容店……雨后春笋般遍布每一个城市的角角落落。街对面原来有一家私人诊所,是给人瞧病的,规模小,挣不了几个钱,改行开了个狗医院,倒发得一塌糊涂。隔了两条街,原来有一户四合小院,被人租了,开办成狗学校,还雇了几个幼师学校毕业的姑娘,为狗儿教授跳舞、唱歌、弹钢琴,有几只学习好的狗都已上了电视台的直播节目。那家狗学校,听人说报名费不菲,比孩子上学的花费还要高,受名额限制,天赋差的狗,主人交多少钱,人家都不收呢。狗美容店的生意才是个火,剪个什么发型,修个什么指甲……没有预约,那就先登个记,排个队,排到哪一天就哪一天了。

爱狗宠狗,也不能说不好。从另一个角度讲,应该是社会生活和家庭生活富足的一种表现,这是绝对没有错的。但爱到不近人情,宠到惹出祸端来,事情就有些不好说了。就说前些天的《都市快报》,报道了一位女士,和爱犬接吻,爱得心疼,吻得嘴疼,爱犬便有些受不了,一时犯浑,龇牙咬了女主人的嘴,咬轻一点也还罢了,偏偏咬得重,咬掉了女主人一块唇肉。如此事故,不免让人嗟讶不已。

文章本已煞尾,却又看到广州媒体披露,该市的宠物狗"万犬齐喑"。为什么"万犬齐喑"？记者经过调查，发现了一个惊人的秘密：羊城数万宠物狗受到残酷虐待，有的不断受到电击、抽打，有的则被割断了声带。宠狗却又虐待狗，说透了只能是人的一种异变，即自己没有把自己当人看，同时也没有把狗当狗看。

割断狗的声带，是嫌狗爱吠叫，吵了自己，也吵了邻居，可能还会惹得邻居报警。因为养狗都没办合法手续，警察一来，罚款是轻的，重则小狗性命也难保。可怜的小狗，在活命还是做哑巴之间做选择，主人只能狠心替它保命了。如此说来，割断狗的声带，是一件无可奈何的事，但剥夺了狗的吠叫权，怎么说都是一件残忍的事。更残忍的是经常电击抽打狗的人，自己活得不开心，男人养了二奶，女人红杏出墙，男人赌博输了钱，女人失意下了岗，老人常年卧病，孩子学习成绩差……诸多糟心事，无处排泄，于是乎，宠物狗便一时不得受宠，电击之，抽打之，因此，常有被虐待毙命者。

呜呼！城里的狗，荣华富贵下的命运，其实并不比乡下的狗好多少。

2016年1月24日　西安丈八宾馆

小堡子

在西安城里,自称小堡子人的人越来越多了。但我要说,头一个说出"小堡子"的人是我,我把自己的说法,早在上世纪初的时候,写在一篇短文里,在《西安晚报》的副刊上首先亮相,此后又一而再,再而三地在一些文章里露脸。我这么说,心里头是有那么点儿自傲的,言下之意,我虽然来自农村,在西安城里工作,但心里牵念着生养了我的乡村,觉得大城市没有什么了不起,像我生活过的村子一样,只有规模上的差别,其他方面,诸如人文情感、饮食习俗等等,是没有多少差异的,某种程度上,好像大城市还不如乡村那么温暖,不如乡村那么恬静。譬如人情,譬如饮食,在乡村要浓厚一些,在乡村要健康一些。于是,我不无自嘲,又不无自傲地说自己是小堡子人,到"大堡子"混饭来了。

所谓"大堡子",指的就是大城市。

小也是堡子,大也是堡子,可不都是堡子吗?因此,我一个半路闯进西安城里的乡下人,尽管乡下的口音难改,却也没了自卑,也没了不自信,心情坦然地混迹在大堡子里,吃也吃得,喝也喝得,干事自然也就干得。可我还是会心牵小堡子,生活里心牵,梦里头也会心牵。

如保存得很好的西安城墙一样,我生活过的小堡子,是也有那么一围方方正正的城墙呢;像西安的城墙一样,在城的外围,又还深掘了一圈护城河……这就是咱们中国人的一种活法了,特别是在黄土深厚的北方地区,聚居的人多了,就夯土筑起一座大堡子,聚居的人少了,就夯土筑起一座小堡子……高筑墙,广积粮,缓称王,古人的智慧在这方面用得是很给力的。

听村里的老人说,我们小堡子的城墙,在解放前是非常管用的。那时候的日子不甚太平,乡村里匪患不断,我们住在城围子里的家户,早起开城门,晚上关城门,都有专人负责,一点不敢马虎。有一次,北山上一帮有实力的土匪,大白天的时候,安排了内应,先潜伏进堡子里，到晚上，准备打开城门，放土匪入城抢劫。便是如此周密的一次计划，也被负责管护城门的人发现了，在潜伏进堡子的内应半夜往城门方向移动时，堡子里管护城门的人，悄悄地跟随着，直到潜伏内应把手伸向城门的大铜锁，想要把大铜锁打开时，几个管护城门的人，一拥而上，把内应按倒在地，绑了一个扎实，拖到城墙顶上，把内应从城墙上像放滚木一样，滚了下去……一场预谋的抢劫计划，就这么被粉碎了。我们小堡子，因为城墙的庇护，大的匪患就没有发生过。

新中国成立以后，我们小堡子的城墙基本成了一种摆设，没有了土匪，也没有了战乱，有的是发展生产、安度日子。原来管护城门的组织，也自动失效，到我记事的时候，厚重的老榆木城门还在，但晚上不关，早上自然也就不开，出出进进，自由自在。我们一伙碎崽子娃娃，把城墙当成了我们玩乐的最佳去处。大家成群结伙，形成对垒的两方，呼啸着冲上城墙，又呼啸着冲下城墙，哪方胜，哪方负，都在其次，根本在于一个热闹，热闹了自己，热闹了城墙。

自然了，城墙外的护城河，也是我们碎崽子娃娃的好玩处，不过，那样的好玩，有着很强的季节性。

春天来了,护城河里经过一场雨润,在淤泥一般的土下边,探头探脑地,会钻出无数的芦苇尖儿来。那时候碎崽子娃娃会安静几日,像我一样,大家都被嫩笋似的芦苇尖儿所吸引,爬到城墙头上,看着向上奋勇生长的芦苇芽儿,怀疑那一根根芦苇芽儿的土下边,都有一个力大无比的壮汉,举着它们往上长……它们生长得那么卖力,几乎让人惊心动魄。板结在一起的淤泥,是很硬实的呢,可是嫩嫩的芦苇芽儿,都会穿透板结的泥块生长起来,个别的,一时不能刺穿板结的泥块,干脆就顶起泥块,一直地顶着,直到把庞大的板结泥块顶翻在一边,它自己不管不顾,继续生长……呼呼啦啦,要不了多少日子,护城河里就满是埋得住人的芦苇荡了。

风吹芦苇荡,干涸无水的护城河,一下子像是蓄满了碧绿的河水,在风的鼓动下,波涛翻滚,很是壮观。而我们碎崽子娃娃,也都把浩渺的芦苇荡当作自己的乐园,逮着机会,就全都鱼儿一样,潜游进芦苇荡里,玩得不亦乐乎……啊!兔子,兔子!……啊!野鸡,野鸡!……平日很难见到的野生动物,像我们碎崽子娃娃一样,也把芦苇荡视作了它们的乐园,在芦苇荡里生崽子,或是下蛋孵崽子。老实说,我们逮住过野兔的小崽子，也逮住过野鸡的小崽子，但我们没有伤害那些毛茸茸的小崽子，直觉那可爱的小崽子，与我们一样，是需要呵护和爱怜的。可是，蛇和我们的想法不一样，幽灵一样潜伏在芦苇荡里的游蛇，让我们碎崽子娃娃害怕，总担心我们的嫩腿嫩胳膊，被它们咬了……大人是这样告诫我们的，蛇把谁咬了，谁就去死吧，没药可救的。不过还好，我们碎崽子娃娃成天在芦苇荡里乱窜，倒没谁被蛇咬了，而小小的兔崽子和鸡崽子，时不常地会被蛇咬了去。碎崽子娃娃们，就见识了好几次。对于蛇的这一暴行，碎崽子娃娃们"是可忍，孰不可忍"，只要发现蛇吞兔崽子、鸡崽子，便绝不会袖手旁观。救不活兔崽子、鸡崽子是我们无能，但弄死可恶的蛇，我们有的是办法，乱砖头砸死是最常用的方法，后来不知谁发明的，把蛇倒栽桩立起来死。这个方法可是太有趣了，蛇在吞噬了兔崽子和鸡崽子后，是很笨拙的，比蛇的身体大了几倍的兔崽子和鸡崽子，被吞进蛇的肚子里，会把蛇的身子撑大成一个疙瘩，这使爬行迅速的蛇，就不能如常爬行了。逮住这个机会，我们碎崽子娃娃，在蛇前行的路上挖一个小土坑，等蛇爬到坑沿时，用折在手里的芦秆儿，把蛇头摁进土坑，填上土夯实，蛇的身子便会如一根吹了气的橡皮管子,一点点地直立起来。

原来想,我们碎崽子娃娃的乐园,高高大大的城墙,芦苇茂密的护城河,一代一代相传,还会成为我们后世儿孙的乐园呢。但却不承想,突然地就毁在长大了的我们手中。

小堡子里的人口迅速增长,被一圈高墙圈围着的小堡子怎么都盛装不下了。许多人家的院子,兄弟们分家,少则两三门,多则五六门,原来的一个灶头,分出那么多的灶头来,到了饭时,锅碗瓢盆的响动,绝对不是交响乐那般美妙,许多不和谐的因素,在烟熏火燎中,不知因为何事何由,会突然地爆发出来,亲亲热热的兄弟要大打出手,亲亲热热的先后(妯娌)要大骂出口……一个大门里,是怎么都容不下血肉相亲的几个家庭了。怎么办呢?推毁城墙,扩大庄基地成了燃眉之急。而且,集体化的土地,也是日薄一日,眼见大家辛勤地劳作在地里头,收成却不增反降。庄稼汉又有一个经验:陈年的老墙,可是不可多得的好肥料呢,推倒了敲碎,拉运到大田里去,撒开来,就能厚地,厚地就能生长出好庄稼。

没怎么动员,小堡子人一齐上手,在上世纪70年代的一个冬天，大家昼夜轮换，向城墙发起了十分强大的攻势。那一围不知哪一代老祖宗修筑起来的城墙，竟然脆弱得如纸糊的一样，好像没怎么费力，便在小堡子人的老镬头下，碎成一堆堆的土沫，车载人挑地被运送到大田里去，散散地扬开来，从此一无所有，连点可以记忆的踪迹都没有了。

护城河断断续续地还保存了一些年头，却也经受不住庄基地的持续扩张。今日这家分门立户的填起一段，明日那家分门立户的填起一段，没有几年的时间，就也把护城河全都填成了住家的院子。

我们兄弟分家后，包括我在内，就有四户是填了护城河垦起的院子。然而，护城河是填起来了，却还不能填实芦苇的生命，到了春发的日子，依然会有个别芦苇的芽儿，穿透厚厚的夯填土，在住家的院子里刺出来……我从小堡子里走出来，进入西安的大堡子，有些年头了，我有了机会，是还要回小堡子看看的。我遗憾当年毁掉的老城墙，也怀念曾经芦苇密布的护城河。心怯怯地掏出钥匙，打开有点生锈的大门钥匙，推开榆木的门扇，我是吃了惊了。我发现，我的院子里，竟然生满了芦苇芽子，不仅我的院子里生出了芦苇芽子，就是我家的墙头上、屋子里，也都生出了芦苇芽子。今年是这样，明年还会是这样。

　　这个让我有几分凄楚，又有几分欣慰的景象，是在去年春上的时候看见的。生命力强韧的芦苇呀，让我的精神世界有了一个坚强的启示。我要说：我是小堡子人！

　　　　　　　　　　　　2011年12月17日　西安曲江

血社火

"娃娃爱过年,老人怕花钱。"小时候响在耳边的这句话,现在想起来,不禁觉得好笑。如今是,日子好过些了,娃娃爱过年,老人不怕花钱了。红肉白馍,糖果糕点,堆满了屋子,只要不吃出病来,没人去挡谁的嘴;花钱哪怕如流水,也不要紧,只要能找到花钱的把戏,大把的票子往出掏;穿着打扮也是极尽光鲜亮丽,时尚先锋……然而,过一个年,回头来想,除了一身的累,又有什么呢?倒像是,富年还不如过去的穷年过得有意思。

何也?原因百条千条,我以为最核心的问题,是没了穷过年的那种热闹。此外,还少了那种程式化的旧俗。

穷过年的时候,广播喇叭和报纸上呐喊得震天响,要破旧俗、树新风。说是这么说的，破除却一点都不容易。在传统旧俗里习惯了的人，不能说是顶风抵抗，只是完全在一种惯性的使然中，过年了，还要照本履行那既往约定的旧俗，有条不紊地实施着。请先人回家，吃团圆饭，是所有旧俗中最先开始的程序。年三十日的下午，乡村中的各家各户，在长门子孙的率领下，能颠能跑的儿孙们，挑上灯笼，端上香裱，鱼贯地寻到祖坟上去，把长眠在地里的先人一个坟头一个坟头地去请，点香化裱，呼唤着先人的称讳，响响地叫着，亮亮地叫着，都叫到了，就在灯笼的引领下，从祖坟走回来……我参加了许多次请先人的活动，去的时候，感觉确实不甚强烈，回来的时候就大不一样了，我们请先人的队伍里，呼啦啦参加进来一辈一辈又一辈的先人，声势自然要大起来，浩浩荡荡。在我们的身前身后，就有我们过世了的爷爷奶奶、祖爷爷祖奶奶……爷爷奶奶的爷爷奶奶、祖爷爷祖奶奶的祖爷爷祖奶奶……当然，还可能有我们至亲至爱的父亲母亲。我们看不见先人们的身影，但是我们谁能说，他感觉不到先人的呼唤？和与自己血脉相连的先人一起回家过年，我们平时哪怕匪得上天入地，在这个时候,也都走得很稳重,一步一步,踏得又稳又实。要知道,我们虽然年轻,但与我们同行的先人,可都是百岁以上,甚至数百岁的老人呢!

把先人请回家,安顿好,才可以在家门口燃放爆竹。年的盛典,自此拉开了序幕,熬夜吃年夜饭,拜年串门走亲戚……一应节俗,真是又忙又乱,到了初十日,就把年的气氛推到了高潮。所谓"小初一,大十五",是那时过年最真切的写照。

正月十五,可就是元宵节呢。

欢天喜地闹元宵。一切的主题都在那一个"闹"字上了。是从初十日开始闹的,怎么闹呢?跑竹马,放焰火,耍社火……东村向西村下请帖,北村向南村上约书,互相是要斗一斗了,不斗不热闹,不斗不开心。我们小堡子人少,自己立不起排场,却也不甘寂寞,依附着邻近叫寨子的小堡子来与邻村斗热闹了。

记忆中斗得热火朝天的一次社火,发生在上世纪60年代初的时候。几年的灾荒,村里死了不少牲口,还有不少人。大家的锅里,汤汤水水稠了点儿,想要冲一冲遭灾的晦气,就在年关过后的元宵那天,向邻近的几个村发出邀请,要斗一斗社火了。

那时的我还小，赶上饥荒，村子里好几年都没耍过社火，往前推，虽然见识了热热火火的社火，却也因为不大上心，便没有多少记忆。倒是这一次，给我留下了太深太深的印象，原因是，我这一次被选为了装扮社火的范儿。

村里的后生女子多了，赶上耍社火的机会可是不多，能被选为范儿，是何等荣耀的事情啊！因为有后生女子做社火范儿，不仅家里能够获得三斤小麦的酬劳，而且父母在耍社火的时候，可以伴随装成社火范儿的后生女子，一路跟进，让自己在乡亲们面前也露个脸儿。

主题虽然突出一个"闹"字，横空里又加进一个"斗"字，村与村之间，就难免不暗中较劲，打探对方村子在斗社火时会出什么绝招。为了斗赢，保密是创作社火的日子里，最为重要的事情。我就知道，我们小堡子依附着寨子，由管事的社长发下狠话，谁要泄露秘密，就罚谁家夏季分粮时少分一百斤口粮。这个惩罚是要命的，那个时候，大家的精力都用在了嘴上，谁敢冒险在自己嘴上找不痛快？为了避嫌，有幸被选为社火范儿的人家，便自觉地关起门来，村里人来串门子都不让进，便是邻村的亲戚，老远赶来，手里提着礼品，到了家门口,也是不让进的。我们家就是这样,邻村老舅家一位德高望重的舅姥爷,不知是不晓得这一层规矩,还是负有探听秘密的特殊使命,不顾年迈体弱,到我家走亲戚来了。我其时在排练社火的围子里不知道,晚上回家来,只见母亲眼睛红红的,是哭过的样子。我问母亲,母亲拿眼剜一边的父亲,父亲也不躲避,给我说,你舅姥爷今日来了,是看你来的,我没让进门,隔门给你舅姥爷端了一碗热水,连他的礼都没收,就把他打发了。怎么可以这样呢?我质问父亲了。父亲依然没有躲避,他说:你舅姥爷是个"特务"。"特务"这字眼,在那个年代是最敏感的,电影中、戏剧里,凡是特务,都是人民的公敌。父亲的话把我吓了一跳。我吃惊着,听着母亲和父亲鸭一嘴、鹅一嘴地觋鸹着。在他俩的鸹仗里,我听明白了,父亲说舅姥爷是"特务",是担心他来刺探我将扮演的社火呢。而母亲坚持的道理是,你把娃娃的舅姥爷都敢挡在门外,我日后还怎么到娘家门上去!

父母亲的是非,我管不着,但我相信父亲的判断,舅姥爷就是一"特务",刺探我扮演社火的"特务"。因为在我们小堡子和寨子一方的阵营里,也是秘密派出了几个"特务"的。相邻的几个村子,你家姑娘嫁到我家来,我家姑娘嫁到你家去,亲戚套着亲戚,像舅姥爷那样以走亲戚做掩护派去几个"特务"不是难事。而且,我们一方派出的"特务",已经成功刺探到邻村的社火绝活儿了。

上寨子是我们斗社火的劲敌,许多年了,闹社火总是他们占上风。这一次,他们准备的是彩亭子。

彩亭子艺术,说来很有讲究,几乎融铁工、木工、刺绣、缝纫、建筑等村社技艺于一体,熔雕刻、绘画、文学、力学于一炉,结构巧妙,造型奇特,色彩绚丽,具有社火这一民间艺术中不多见的高品质。其特点,可用五个字来概括:高、雅、险、奇、巧。别的不说,就说亭子的高吧,你知道怎么叫高呢?一层叠一层,少则三两层,多则五六层,往矮了说,也有两丈多!在我们那地方,能把社火耍得这么高,可是不容易哩!再说这雅吧,怎么就雅了呢?一个标准,主要在人物造型上,不用假模子,而是全用真人,特别讲究的是碎崽子娃娃,脸谱化妆,环境背景,一样不能缺地构成一个折子戏的情形。所以说,推出一个彩亭子的社火,没有戏剧、杂技、舞蹈、拳术、建筑诸方面的人才,就甭想玩出彩儿来。

派出的探子打听回上寨子的信息，让我们小堡子和寨子里的人好不泄气。过往的年份，上寨子推出他们的绝活彩亭子社火，我们周边村子，看着人家的社火，自己就会哑巴下来。怎么办呢？泄气的我们，却一点都不甘心，把原来操练得都有了些眉眼的骡马大社火暂停下来，招来小堡子和寨子里有些心眼的人，开了三天两晚的诸葛会，最后汇总"诸葛"们的意见，决定弄一台血社火，与上寨子的彩亭子决一雌雄。

新鲜刺激，是血社火需要突出的要点。

当然还要保密，千万不能让人家把我们的血社火秘密探了去。怎么办呢？把参与血社火活动的人集中在寨子里的一家空院里，门口设了民兵岗哨，进来的人，吃住都在空院子，要什么材料，传出话去，自有跑外围的人采购回来，送进空院来。差不多修改编练了五天时间，到了正月十五斗社火的那天，空院的一面黄土墙被推倒，三匹枣红大马拉着血社火的车辇登场了。

功夫不负有心人，血社火甫一登场，就把闹元宵的人们呼啦啦吸引了来。

别管他上寨子的彩亭子社火多么高，别说他上寨子的彩亭子社火多么雅,我们的血社火可是也不低呢,而且也是很雅的。不仅如此,血社火还展现出一种前所未有的险、奇、巧。所以说险,是在马车上给装扮的人物以云游感,加上马拉大车在行进途中,闪闪悠悠,似坠非坠,要斜不斜,欲倾不倾,让闹元宵看热闹的人,把心不由自主地要提起来,惊讶莫名,跟着社火,生怕扮社火的碎崽子娃娃,一个闪失掉下来。观者的担心不能说没有道理,但是又纯属多余,因为在马车上竖起的那根高杆,与车的车轴和车辕,绳绑索捆,成了一体,担心翻车,在车轴下人眼不能见的部位,又还吊了两块很大的牛坠石,底盘的稳重,保证了高杆上扮演社火的碎崽子娃娃,可以在高杆顶上,翻手是云、覆手是雨地闹腾……那么血社火的奇呢?不说不知道,说了还真是要吓人一大跳哩!两丈多高的大木杆上,有用铁棍儿特别打制的横梁,细细长长,曲曲弯弯,在每一个曲处,每一个弯处,都极尽可能地装饰了花花草草,直到横梁的尖端处,站一金鸡独立的碎崽子娃娃,悠来荡去,好不新奇……然而,新奇还不止于此。大家猜都猜得出来,在铁梁的横梢上站立的碎崽子娃娃,一定是绑扎在相连的铁梁上的,大家不用特别操心娃娃的人身安全问题。

可是,站得已经很高的碎崽子娃娃,在高高的杆子顶上,还要做出许多动作来。这些还不算,最不可思议,更不可想象的是,晃晃荡荡地架在高杆上的两个碎崽子娃娃,一个穿得破破烂烂,显见是一位受压迫受欺侮的穷人,一个呢,戴着狐皮帽,穿着绸缎的长袍子,自然是个欺压百姓祸害人民的老财东了。前面说了,我被选为社火范儿,在高杆顶上装扮的就是那个"老财东"。我的手里握着根牛皮鞭子,一会儿在那个"穷汉子"的身上抽一下,不知抽到多少下时,不甘心总被鞭打的穷汉子,从他的破袄下抽出一把亮光闪闪的大刀,向我的脖子砍来,砍进我的脖子里有一寸深,我的脖子上,从刀砍的地方,呼啦啦流出一串子血浆来……在这一刻,我听见人群里一片惊呼,惊呼声里还夹杂着一声石破天惊的啼哭。我听得出来,那一声哭是我母亲发出来的,母亲真以为我被那锋利的大刀砍进了脖子里。其实这是假的,那是一把纸糊的大刀,横流的血水,也只是普通的红墨汁,其中掺了很重的鱼胶,砍进我的脖子,等上一会儿,冷风呼呼地吹,连肉带血的纸大刀就会粘连在我的脖子上,便是持刀砍我的"穷汉子"松了刀把儿,纸大刀也不会从我脖子上掉下来。母亲把假的当了真,她一声失魂丧魄的啼哭后，接下来竟闭了气，整个人僵硬地向前扑爬下来，昏倒在社火旁边……站在高处的我，清清楚楚地看见母亲悲痛欲绝，晕倒在地。我还是个孩子，我此前受过严格的社火范儿训练，耐得了刺骨的冷风，耐得了孤悬高处的眩晕，但我不忍看见扑爬地上吓坏了的母亲。我扯开喉咙，脖子上架着那把血淋淋的大刀，没命地哭喊起来，我哭喊着"娘"，说：我没事，我好着呢！

我不知哭喊了多少声，晕在地上的母亲，这才慢慢地睁开眼睛。看着架在高处的我，母亲笑了。

血社火取得了空前的成功，把上寨子的彩亭子社火比得灰头土脸，让小堡子和寨子里的乡邻，很是长了一回老气。

因为是我成功扮演了血社火，在此后的日子里，我竟像如今成功扮演了某个影视剧角色的演员，立马成了人们眼里的明星，走到哪，都要被人夸奖。元宵节过后，要送请回家里过了年的先人回天堂地府，便是在这样的大事中，我也身价倍增，成了送别老先人的主角。要知道，这件事，是一个家族、一个门分里一个十分隆重的仪式，我在社火里挨了一刀不死，这就不得了了，仿佛得道成仙的异人,大家是借这个吉利呢。

碎崽子娃娃的我,向安顿着老先人的灵位,叫着一个一个先人的称谓,撤去供献,把他们请下来,举着不见影子、不见形容的他们,浩浩荡荡地进入祖坟,然后,又一个一个地叫着他们的称谓,把他们送回去,在他们的坟头前,上香烧纸。

慎重严肃地履行完这一切职责,我们从祖坟离开。其时,我还不能一下从那种仪式里醒过来,倒是比我年长的门分中人,有人摸着我的脸蛋说了。

他是这么说的:你个挨刀的老财主!

2011年12月17日　西安曲江

知否（代跋）

盛于宋代的宋词，句子有长有短，特别便于吟唱，在中国古代文学的闺苑里，绝然一座芬芳绚丽的园圃，以其姹紫嫣红、千姿百态的神韵，与唐诗争奇，与元曲斗艳，是我阅读生涯里，最为痴心的一部分。我喜欢苏轼、辛弃疾的豪放，还喜欢柳永、李清照的婉约。特别是李清照，像她的《行香子·天与秋光》《一剪梅·红藕香残玉簟秋》等，我出口就能吟诵，然而最为朗朗上口的，还是她的两首《如梦令》。

> 常记溪亭日暮，沉醉不知归路。兴尽晚回舟，误入藕花深处。争渡，争渡，惊起一滩鸥鹭。

这是其一，寥寥数语，似乎是随口而出，却句句含有深意。正如词评家说的，开头两句，写沉醉兴奋之情。接着写"兴尽"归家，又"误入"荷塘深处，别有天地，更令人流连。最后一句，纯洁天真，言尽而意不尽。李清照以她的方式，随意率性地表达了她早年生活的情趣和心境，境界优美怡人。

昨夜雨疏风骤，浓睡不消残酒。试问卷帘人，却道海棠依旧。知否？知否？应是绿肥红瘦。

这是其二了。众多词评家都是这么阐释的，说是昨儿夜里雨水稀疏，但狂风阵阵，酒醉酣睡一夜，一觉醒来，仍消解不了残剩的酒意。惺忪之际来问卷帘的侍女，回答窗外的海棠花还如昨日一样。李清照笑了，告诉侍女：你知道吗？你不知道，应该是绿叶肥嫩、红花憔悴了呀。

我的这部散文集整理出来后，我想了几个名字，都不满意，而突然地忆起了李清照的这首《如梦令》，我便不再彷徨，很干脆地为我的散文集，确定了《知否》的书名。

知否？知否，从字面的意思来讲，即是一种提问，问你知道吗，并坚定地告诉你，你是应该知道的。我的这部散文集，想要传达给热心读者的，不也就是这样的意思吗？我要像李清照那样说，真的是这样的意思呢。

是为跋。

2019年2月23日　西安曲江